계명대학교 출판부
KEIMYUNG UNIVERSITY PRESS

살아있는 한국어

WORK BOOK

워크북

Level 1

계명대학교 한국어학당
Korean Language and Culture Center
Keimyung University

머리말

Level 1

『살아있는 한국어 1 워크북』은 계명대학교 한국어학당이 개발한 한국어 교재 시리즈 중 『살아있는 한국어 1』의 보조 교재로, 한국어를 배우기 시작한 학습자들이 기초적인 한국어 능력을 배양하도록 하는 데 목표를 두고 개발되었다. 이 책은 주교재에서 학습한 어휘 및 문법, 이해와 표현 기능을 중점적으로 연습할 수 있도록 구성하여 주교재의 활용도를 높이는 한편 학습자들에게는 빠른 시일 내에 한국어에 친숙해질 수 있도록 하는 데 주안점을 두었다.

이를 위해 이 책은 다음과 같은 점들을 염두에 두고 개발하였다.

첫째, 어휘 연습 기회를 최대한 제공하고자 하였다. 집중적인 어휘 연습을 위해 해당 단원의 어휘뿐만 아니라 이전의 어휘력을 점검할 수 있도록 하고 어휘 간의 계열 관계나 결합 관계를 이용하여 어휘 확장을 꾀할 수 있도록 하였으며 의사소통 맥락 속에서 어휘를 익힐 수 있도록 구성하였다.

둘째, 문형의 집중적인 반복 연습 기회에 중점을 두었다. 문형의 정확한 형태를 익히는 것은 물론, 해당 문형이 사용되는 상황의 대화문을 통해 맥락 내에서 문형 사용 기회를 최대한 제공함으로써 실제 상황에서의 활용도를 높이고자 하였다. 이때 해당 단원의 문형을 중심으로 이미 배운 문형과의 차이를 인식할 수 있도록 하는 기회를 제공함으로써 자연스러운 나선형 학습을 유도하였다.

셋째, 단원의 후반부에는 '활동' 부분을 두어 말하기와 쓰기 등 실생활 중심의 의사소통 과제를 통해 배운 어휘와 문형의 연습 기회를 제공하고자 하였다. 어휘와 문형이 개별적으로 축적되는 언어 지식이 아니라 과제 수행의 도구로 이용될 수 있도록 함으로써 교실과 실제 의사소통 상황의 자연스러운 연계가 이루어지도록 하였다.

WORK BOOK 워크북

이 책은 주교재를 직접 교실에서 사용하면서 얻게 된 사용 경험을 바탕으로 주교재의 활용도를 최대화하고 단점을 보완하고자 하였다. 주교재 연구와 교수 방안에 관한 토의와 워크숍 등을 통해 실제 사용자의 의견을 반영하였으며 각 단원의 구성 방안에 관한 수차례에 걸친 회의를 거쳐 보조교재의 기능을 극대화하고자 하였다. 이와 같은 노력들이 실제 현장에서 결실을 보이게 될 것으로 기대한다. 교사의 수업 자료 준비에 드는 수고를 덜어 주고 수업에 활기를 불어 넣게 될 것이며, 학습자의 자습을 도와주고 한국어에 대한 자신감을 고양시키게 될 것이다.

주교재가 나온 지 약 3년이라는 기간이 지났다. 오랜 기간 허전했던 빈자리가 채워짐으로써 이제 해야 할 숙제를 마친 기분이다. 교재가 나오기까지 애써 주신 집필진의 노력에 감사한다. 또한 여러 가지 지원을 아끼지 않은 한국어학당 행정팀과 계명대학교 출판부에도, 자료 수집과 집필 보조 등 궂은일을 말없이 도와준 한국문화정보학과 교재 개발 도우미들에게도 감사의 마음을 전한다.

2011년 5월

계명대학교 한국어학당

소장 김 선 정

일러두기

Level 1

이 책은 주교재 『살아있는 한국어 1』과 함께 사용하는 워크북으로 교실 수업에서뿐만 아니라 학습자가 수월하게 자습 활동을 할 수 있도록 하는 데 주안점을 두었다. 이 책은 주교재의 구성을 따라 20개 단원으로 이루어져 있으며, 각 단원은 7쪽 분량이다. 단원별로 크게 『연습(Practice)』과 『활동(Activity)』으로 구성되어 있다. 『연습』에서는 해당 단원의 어휘 및 표현, 문법을 정확하고 유창하게 사용할 수 있도록 다양한 문제 유형들을 제시하였다. 『활동』에서는 말하기, 쓰기 활동 등의 언어 기능을 제고할 수 있는 다양한 과제들을 제시하였다.

본 워크북의 구성은 다음과 같다.

『연습(Practice)』에서는 주교재에서 학습한 〈어휘 및 표현〉과 〈문법〉을 다양한 유형의 연습 문제들을 통해 익힐 수 있도록 하였다.

- 어휘 연습 부분에서는 해당 단원의 새 어휘와 표현을 그림을 통해 쉽게 익히고 대화문화 함께 연습하도록 함으로써 유의미한 사용을 유도하였다.

- 문법 연습 부분에서는 다양한 상황의 대화문을 통해 해당 단원의 목표 문법을 학습자들이 적절하게 활용할 수 있도록 하였다. 1급의 특성에 맞게 여러 가지 상황을 그림으로 제시함으로써 이해를 돕고자 하였다. 동일한 항목의 연습 문제가 여러 개 제시될 경우 단순한 형태 변화 연습부터 상황에 맞는 대화문 완성하기까지 쉬운 문제에서 어려운 문제로 난이도를 고려하려 배열하였다.

『활동(Activity)』에서는 표현 교육에 중점을 두어 말하기와 쓰기 활동의 다양한 과제들로 구성하였다. 과제 수행을 통해 학습자들이 의사소통 능력을 키울 수 있도록 하였다.

- 말하기 활동에서는 각 단원에서 다룬 주제를 중심으로 배운 표현과 문법을 이용한 대화문을 구성하도록 하였다. 짝 활동이나 그룹 활동을 통해 말하기 연습이 이루어지도록 하였으며 학습자가 실제 대화 상황에서도 적용해 볼 수 있도록 유의미한 연습을 포함시켰다.

- 쓰기 활동에서는 각 단원에서 학습한 어휘 및 표현, 문법을 활용하여 학습자가 스스로 짧은 글을 써 봄으로써 배운 내용을 정리할 수 있도록 하였다.

- '조금 더 공부해요'에서는 주교재에서 다루지 않았지만 빈도수가 높은 어휘들을 수록하여 학습자들의 어휘 확장을 유도하였다.

계명대학교 출판부
KEIMYUNG UNIVERSITY PRESS

살아있는 한국어

WORK BOOK

워크북

Level 1

계명대학교 한국어학당
Korean Language and Culture Center
Keimyung University

목차

Level 1

살아있는 한국어

WORK BOOK 워크북

1과 만나서 반가워요

1. 보기 와 같이 쓰세요.

보기

선생님

2. 보기 와 같이 쓰세요.

보기

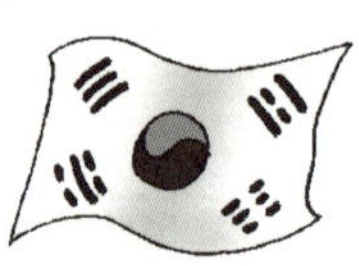

한 국

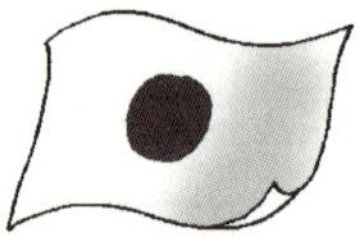

3. 보기 와 같이 하세요.

보기 안녕하세요? •		• 괜찮아요.
1) 고맙습니다. •		• 안녕히 가세요.
2) 만나서 반가워요. •		• 뭘요.
3) 죄송합니다. •		• 만나서 반가워요.
4) 안녕히 계세요. •		• 안녕하세요?

4. 보기 와 같이 쓰세요.

N예요/이에요

보기 선생님 (예요 / 이에요) → 선생님이에요.

1) 제니퍼 (예요 / 이에요) → ______________.

2) 캐나다 사람 (예요 / 이에요) → ______________.

3) 러시아 (예요 / 이에요) → ______________.

4) 미국 (예요 / 이에요) → ______________.

5) 팀 (예요 / 이에요) → ______________.

6) 학생 (예요 / 이에요) → ______________.

7) 독일 사람 (예요 / 이에요) → ______________.

8) 가수 (예요 / 이에요) → ______________.

9) 소영 (예요 / 이에요) → ______________.

10) 경찰 (예요 / 이에요) → ______________.

11) 투이 (예요 / 이에요) → ______________.

12) 회사원 (예요 / 이에요) → ______________.

13) 요리사 (예요 / 이에요) → ______________.

5. 보기 와 같이 쓰세요.

N은/는

보기

상 우

은 / (는) 상우는 한국 사람이에요.

1) 

선생님

은 / 는 ______________________________.

2) 

제니퍼

은 / 는 ______________________________.

3) 

왕 단

은 / 는 ______________________________.

4) 

아사코

은 / 는 ______________________________

5) 

투 이

은 / 는 ______________________________.

6. 보기 와 같이 쓰세요.

N예요?/이에요?

보기

가 : 가수예요?

나 : (네 / 아니요), 가수예요.

1) 가 : 자동차예요?

나 : (네 / 아니요), ____________________.

2) 가 : 일본 사람이에요?

나 : (네 / 아니요), ____________________.

3) 가 : 아이스크림이에요?

나 : (네 / 아니요), ____________________.

4) 가 : 비행기예요?

나 : (네 / 아니요), ____________________.

5) 가 : 책이에요?

나 : (네 / 아니요), ____________________.

7. 보기 와 같이 쓰세요.

보기

가 : 소영 씨는 한국 사람이에요?
나 : 네, 저는 한국 사람이에요.

1) 가 : 팀 씨는 미국 사람 ______________?
나 : ______________________.

2) 가 : 아사코 씨는 선생님 ______________?
나 : ______________________.

3) 가 : 책상 ______________________?
나 : ______________________.

4) 가 : 왕단 씨는 의사 ______________?
나 : ______________________.

5) 가 : 제니퍼 씨는 미국 사람 ______________?
나 : ______________________.

말하기

♠ 보기 와 같이 이야기해 보세요.

보기

가

소영(한국)

나

투이(베트남)

가 : 안녕하세요? 저는 소영이에요.
나 : 안녕하세요? 저는 투이예요.
가 : 투이 씨는 일본 사람이에요?
나 : 아니요, 저는 베트남 사람이에요.
소영 씨는 한국 사람이에요?
가 : 네, 저는 한국 사람이에요.
만나서 반가워요.
나 : 만나서 반가워요.

1) 가

상우(한국)

나

티누(베트남)

2) 가

왕단(중국)

나

팀(미국)

3) 가

아사코(일본)

나

마이클(독일)

쓰 기

♠ **보기** 와 같이 쓰세요.

보기

왕단 씨예요.

왕단 씨는 중국 사람이에요.

왕단 씨는 회사원이에요.

1)

팀(미국 사람, 의사)

______________________.

______________________.

______________________.

2)

아사코(일본 사람, 학생)

______________________.

______________________.

______________________.

3)

상우(한국 사람, 선생님)

______________________.

______________________.

______________________.

4)

티누(베트남 사람, 요리사)

______________________.

______________________.

______________________.

메 모

2과 이건 뭐예요?

1. 보기 와 같이 쓰세요.

보기

❶ 칠판　　　　　　❷ ____________

❸ ____________　　❹ ____________

❺ ____________　　❻ ____________

❼ ____________　　❽ ____________

❾ ____________　　❿ ____________

2. 보기 와 같이 쓰세요.

보기

녹 차

______

______

______

______

______

3. 보기 와 같이 하세요.

보기		•	• 딸기
1)		•	• 포도
2)		•	• 사과
3)	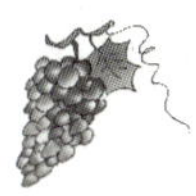	•	• 파인애플
4)		•	• 오렌지
5)	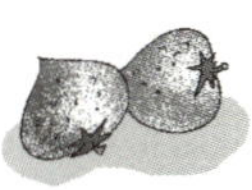	•	• 수박
6)		•	• 토마토
7)		•	• 바나나

4. 보기 와 같이 쓰세요.

이건, 그건, 저건

상 우

보기 이건 책이에요.

1) ______________________.

2) ______________________.

3) ______________________.

4) ______________________.

아사코

보기 그건 책이에요.

1) ______________________.

2) ______________________.

3) ______________________.

4) ______________________.

상우 · 아사코

보기 저건 책이에요.

1) ______________________.

2) ______________________.

3) ______________________.

4) ______________________.

5) ______________________.

5. 보기 와 같이 쓰세요.

보기

아사코 : 이건 딸기예요?

상　우 : 아니요, 그건 사과예요.

1)

아사코 : ________ 의자예요?

상　우 : ______________________.

2)

아사코 : ________ 맥주예요?

상　우 : ______________________.

3)

아사코 : ________ 뭐예요?

상　우 : ______________________.

4)

아사코 : ________ 가방이에요?

상　우 : ______________________.

5)

아사코 : ________ 뭐예요?

상　우 : ______________________.

5. 보기 와 같이 쓰세요.

N이/가 아니에요

보기

상 우 : 이건 의자예요?

아사코 : 아니요, 그건 의자가 아니에요.

그건 책상이에요.

1) 

상 우 : ____________ 바나나예요?

아사코 : ______________________.

______________________.

2) 

상 우 : ____________ 물이에요?

아사코 : ______________________.

______________________.

3) 

상 우 : ____________ 사전이에요?

아사코 : ______________________.

______________________.

4) 

상 우 : ____________ 연필이에요?

아사코 : ______________________.

______________________.

5) 

상 우 : ____________ 칠판이에요?

아사코 : ______________________.

______________________.

말하기

♠ 보기 와 같이 이야기해 보세요.

보기

가 : 이건 책이에요?

나 : 네, 책이에요.

가 : 저건 책이에요?

나 : 아니요, 책이 아니에요.
컴퓨터예요.

1)

2)

3)

4)

쓰 기

♠ 보기 와 같이 쓰세요.

보기

소영
(일본 사람 ×, 한국 사람 ○)
(선생님 ×, 학생 ○)

소영 씨예요.
소영 씨는 일본 사람이 아니에요.
한국 사람이에요.
소영 씨는 선생님이 아니에요.
학생이에요.

1)

팀
(미국 사람 ×, 영국 사람 ○)
(요리사 ×, 회사원 ○)

______________________________.
______________________________.
______________________________.
______________________________.
______________________________.

2)

왕 단
(베트남 사람 ×, 중국 사람 ○)
(의사 ×, 간호사 ○)

______________________________.
______________________________.
______________________________.
______________________________.
______________________________.

3)

윌슨
(독일 사람 ×, 호주 사람 ○)
(가수 ×, 경찰 ○)

______________________________.
______________________________.
______________________________.
______________________________.
______________________________.

메 모

3과 한국어 책을 읽어요

1. 어디예요? 보기 와 같이 쓰세요.

보기

학 교

____

____

____

____

____

2. 보기 와 같이 쓰세요.

운동하다 (마시다) 읽다 보다 먹다 목욕하다

보기

마시다

____

____

____

____

____

3. 보기 와 같이 하세요.

V-아요/어요/해요

보기

보기: 보다 ______ • ─── • -아요 ______ 봐요

1)

______ •

1) ______

2)

______ •

2) ______

3)

______ •

3) ______

4)

______ •

4) ______

5)

______ •

5) ______

• -아요

• -어요

• -해요

4. 보기 와 같이 하세요.

N을/를

보기 바나나(을 / (를)) 먹어요

1) 한국어(을 / 를) 공부해요.

2) 밥(을 / 를) 먹어요.

3) 운동(을 / 를) 해요.

4) 커피(을 / 를) 마셔요.

5) 전화(을/ 를) 해요.

6) 책(을 / 를) 읽어요.

7) 텔레비전(을 / 를) 봐요.

8) 영어(을 / 를) 가르쳐요.

9) 컴퓨터 (을 / 를) 배워요.

5. 무엇을 해요? 보기 와 같이 쓰세요.

N을/를 V-아요/어요/해요

보기

신문을 읽어요

6. 보기 와 같이 쓰세요.

N에서

보기 학교, 영어, 가르치다
→ 팀 씨는 학교에서 영어를 가르쳐요.

1) 커피숍, 오렌지 주스, 마시다
→ 제니퍼 씨는 ____________________.

2) 교실, 한국어, 배우다
→ 아사코 씨는 ____________________.

3) 회사, 일하다
→ 소영 씨는 ____________________.

4) 도서관, 책, 읽다
→ 왕단 씨는 ____________________.

7. 보기 와 같이 쓰세요.

보기 가 : 어디에서 밥을 먹어요?
나 : 식당에서 밥을 먹어요.

1) 가 : 어디에서 책을 읽어요?
나 : ____________________.

2) 가 : 어디에서 텔레비전을 봐요?
나 : ____________________.

3) 가 : 어디에서 커피를 마셔요?
나 : ____________________.

4) 가 : ____________________?
나 : ____________________.

8. 보기 와 같이 쓰세요.

N도

보기 나는 텔레비전을 봐요.
제니퍼 씨도 텔레비전을 봐요.

1) 티누 씨는 베트남 사람이에요.

투이 씨________________________.

2) 아사코 씨는 한국에서 한국어를 공부해요.

영어________________________.

3) 나는 우유를 마셔요.

팀 씨________________________.

4) 투이 씨는 집에서 책을 읽어요.

신문________________________.

5) 왕단 씨는 기숙사에서 잠을 자요.

제니퍼 씨________________________.

나는 학생이에요. 소영 씨는도 학생이에요. (✗) → 도

팀 씨는 밥을 먹어요. 팀 씨는 빵을도 먹어요. (✗) → 도

9. 여러분은 무엇을 해요?

1) 집에서 ________________________.

2) 학교에서 ________________________.

3) 식당에서 ________________________.

4) 커피숍에서 ________________________.

말하기

♠ 보기 와 같이 이야기해 보세요.

보기

가 : 어디예요?

나 : 학교예요.

가 : 학교에서 무엇을 해요?

나 : 학교에서 한국어를 공부해요. 일본어도 공부해요.

1)

2)

3)

4)

? ? ?

쓰 기

♠ 보기 와 같이 쓰세요.

보기

기숙사예요.

나는 기숙사에서 책을 읽어요.

노래도 해요.

1) 

______________________.

______________________.

______________________.

2) 

______________________.

______________________.

______________________.

3) 

______________________.

______________________.

______________________.

4) 

______________________.

______________________.

______________________.

메 모

4과 어디에 가요?

1. 어디예요? 보기 와 같이 쓰세요.

보기

화장실

______

______

______

______

______

______

______

2. 백화점에서 무엇을 해요?

보기 모자를 사요.

______.

______.

______.

______.

______.

3. 보기 와 같이 쓰세요.

N에 가다, N에 오다

보기 가 : 팀 씨는 은행에 가요? (은행, 가다)
나 : 네, 팀 씨는 은행에 가요.

1) 가 : 제니퍼 씨는 ____________________? (우체국, 가다)
나 : 아니요, ____________________. (은행, 가다)

2) 가 : 소영 씨는 ____________________? (회사, 오다)
나 : 네, ____________________.

3) 가 : 상우 씨는 ____________________? (시장, 가다)
나 : 아니요, ____________________. (시내, 가다)

4) 가 : 왕단 씨는 ____________________? (한국, 오다)
나 : 네, ____________________.

4. 보기 와 같이 쓰세요.

보기 가 : 밥을 먹어요. 어디에 가요?
나 : 식당에 가요.

1) 가 : 공부를 해요. 어디에 가요?
나 : ____________________.

2) 가 : 운동을 해요. 어디에 가요?
나 : ____________________.

3) 가 : 영화를 봐요. 어디에 가요?
나 : ____________________.

4) 가 : 책을 사요. 어디에 가요?
나 : ____________________.

5) 가 : 산책을 해요. 어디에 가요?
나 : ____________________.

6) 가 : 연필을 사요. 어디에 가요?
나 : ____________________.

5. 보기 와 같이 쓰세요.

안 V

보기 가 : 상우 씨는 도서관에서 책을 읽어요?
나 : 네, 책을 읽어요.
아니요, 책을 안 읽어요.

1) 가 : 소영 씨는 시장에서 티셔츠를 사요?
나 : 네, ______________________.
아니요, ______________________.

2) 가 : 제니퍼 씨는 방에서 컴퓨터를 해요?
나 : 네, ______________________.
아니요, ______________________.

3) 가 : 팀 씨는 베트남에 가요?
나 : 네, ______________________.
아니요, ______________________.

4) 가 : 왕단 씨는 운동장에서 운동을 해요?
나 : 네, ______________________.
아니요, ______________________.

5) 가 : 아사코 씨는 대학교에서 일본어를 가르쳐요?
나 : 네, ______________________.
아니요, ______________________.

6) 가 : 오늘 티누 씨는 학교에 와요?
나 : 네, ______________________.
아니요, ______________________.

6. 보기 와 같이 쓰세요.

보기

가 : 오렌지를 먹어요?

나 : 아니요, <u>오렌지를 안 먹어요</u>.

<u>사과를 먹어요</u>.

1)

가 : 영화관에서 영화를 봐요?

나 : 아니요, ______________________________.

______________________________.

2)

가 : 호주에 가요?

나 : 아니요, ______________________________.

______________________________.

3)

가 : 백화점에서 친구를 만나요?

나 : 아니요, ______________________________.

______________________________.

4)

가 : 슈퍼마켓에서 아이스크림을 사요?

나 : 아니요, ______________________________.

______________________________.

5)

가 : 회사에서 일을 해요?

나 : 아니요, ______________________________.

______________________________________.

6)

가 : 도서관에서 책을 읽어요?

나 : 아니요, ______________________________.

______________________________________.

7)

가 : 치마를 사요?

나 : 아니요, ______________________________.

______________________________________.

8)

가 : ______________________________________?

나 : 아니요, ______________________________.

______________________________________.

7. 보기 와 같이 쓰세요.

그리고

보기

가 : 오늘 어디에 가요?
나 : 놀이공원에 가요. 그리고 노래방도 가요.

1) 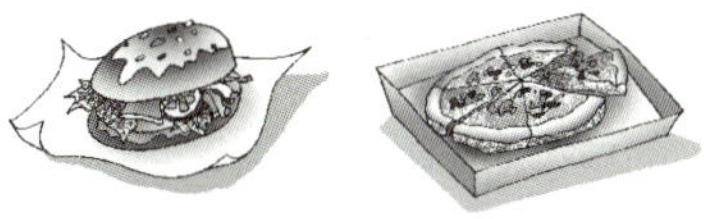

가 : 오늘 무엇을 먹어요?
나 : ______________________.

2) 

가 : 시장에서 무엇을 사요?
나 : ______________________.

3) 

가 : 오늘 무엇을 해요?
나 : ______________________.

4) 

가 : 무엇을 배워요?
나 : ______________________.

조금 더 공부해요

장소Ⅲ

약국

세탁소

미용실

편의점

주차장

놀이공원

노래방

호텔

말하기

1. 보기 를 보고 다음과 같이 이야기해 보세요.

가 : 제니퍼 씨, 안녕하세요? 지금 어디에 가요?
나 : 시장에 가요.
가 : 시장에서 뭘 사요?
나 : 딸기를 사요. 티누 씨는 어디에 가요?
가 : 저는 지금 미용실에 가요.

보기	1)	2)	3)
시장, 가다 딸기, 사다 미용실, 가다	식당, 가다 불고기, 먹다 우체국, 가다	집, 가다 청소하다 약국, 가다	편의점, 가다 우유, 사다 서점, 가다

2. 보기 를 보고 다음과 같이 이야기해 보세요.

가 : 팀 씨, 오늘 운동해요?
나 : 아니요, 운동 안 해요.
가 : 오늘 뭘 해요?
나 : 도서관에서 공부해요.

보기	1)	2)	3)
운동하다 도서관, 공부하다	백화점, 가다 집, 책, 읽다	친구, 만나다 회사, 일하다	공원, 가다 영화, 보다

4)	5)	6)	7)
쇼핑하다 숙제하다	컴퓨터하다 요리하다	태권도, 배우다 영어, 가르치다	집, 쉬다 청소하다

메 모

5과 무슨 계절을 좋아해요?

1. 무슨 계절이에요? 쓰세요.

2. 보기 와 같이 쓰세요.

보기

맛있다

3. 보기 와 같이 쓰세요. N이/가

보기 영화(이, (가)) 재미있어요.

1) 교실(이, 가) 넓어요.
2) 날씨(이, 가) 시원해요.
3) 연필(이, 가) 길어요.
4) 바나나(이, 가) 좋아요.

4. 보기 와 같이 쓰세요.

보기 (사람, 적다) 사람이 적어요.

1) (바지, 짧다) ______________________.
2) (모자, 싸다) ______________________.
3) (시장, 멀다) ______________________.
4) (방, 좁다) ______________________.

조금 더 공부해요 형용사

재미있다

재미없다

좋다

싫다

넓다

좁다

길다

짧다

높다

낮다

멀다

가깝다

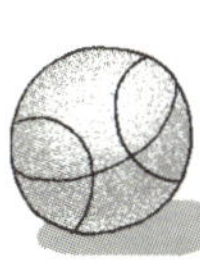
크다

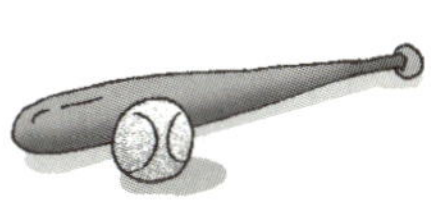
작다

차갑다

뜨겁다

밝다

어둡다

깨끗하다

더럽다

5. 보기 와 같이 쓰세요.

무슨 N

보기 가 : 무슨 노래를 좋아해요?
나 : 한국 노래를 좋아해요.

1) 가 : ______________ 을/를 좋아해요?
나 : 테니스를 좋아해요.

2) 가 : ______________ 을/를 읽어요?
나 : 한국어 책을 읽어요.

3) 가 : ______________ 을/를 마셔요?
나 : 녹차를 마셔요.

4) 가 : ______________ 을/를 좋아해요?
나 : 가을을 좋아해요.

5) 가 : ______________ 을/를 좋아해요?
나 : 김밥을 좋아해요.

6) 가 : ______________ 을/를 좋아해요?
나 : 수박을 좋아해요.

조금 더 공부해요

운동

농구

야구

태권도

테니스

수영

축구

골프

배드민턴

탁구

스키

스케이트

6. 보기 와 같이 쓰세요.

ㅂ불규칙

맵다	보기 매워요		
무겁다	________	더럽다	________
차갑다	________	가볍다	________
춥다	________	가깝다	________
쉽다	________	뜨겁다	________
어둡다	________	덥다	________
어렵다	________	* 좁다	________
* 입다	________		

7. 보기 와 같이 쓰세요.

보기 가 : 가방이 무거워요? (가방, 무겁다)
나 : 아니요, 안 무거워요.

1) 가 : ____________________? (커피, 뜨겁다)
나 : 네, ____________________.

2) 가 : ____________________? (날씨, 춥다)
나 : 아니요, ____________________.

3) 가 : ____________________? (물, 차갑다)
나 : 네, ____________________.

4) 가 : ____________________? (우체국, 가깝다)
나 : 아니요, ____________________.

5) 가 : ____________________? (방, 좁다)
나 : 네, ____________________.

6) 가 : ______________________________? (텔레비전, 무겁다)

나 : 아니요, ______________________________.

7) 가 : ______________________________? (교실, 어둡다)

나 : 네, ______________________________.

8) 가 : ______________________________? (화장실, 더럽다)

나 : 아니요, ______________________________.

조금 더 공부해요

날씨가 어때요?

바람이 불다

눈이 오다

비가 오다

흐리다

맑다

쓰 기

♠ 보기 와 같이 쓰세요.

보기 가 : 지금 서울은 날씨가 어때요?
나 : 눈이 와요.

1) 가 : ______________________________?
나 : ______________________________.

2) 가 : ______________________________?
나 : ______________________________.

3) 가 : ______________________________?
나 : ______________________________.

4) 가 : ______________________________?
나 : ______________________________.

5) 가 : ______________________________?
나 : ______________________________.

말하기

♠ **무엇을 좋아해요? 이야기해 보세요.**

보기

가 : 아사코 씨는 <u>무슨 과일</u>을 좋아해요?

나 : 아사코 씨는 <u>파인애플</u>을 좋아해요.

1) 가 : 상우 씨는 ______________________ 을/를 좋아해요?

   나 : 상우 씨는 ______________________ 을/를 좋아해요.

2) 가 : 제니퍼 씨는 ______________________ 을/를 좋아해요?

   나 : 제니퍼 씨는 ______________________ 을/를 좋아해요.

3) 가 : 팀 씨는 ______________________ 을/를 좋아해요?

   나 : 팀 씨는 ______________________ 을/를 좋아해요.

4) 가 : 티누 씨는 ______________________ 을/를 좋아해요?

   나 : 티누 씨는 ______________________ 을/를 좋아해요.

5) 가 : 소영 씨는 ______________________ 을/를 좋아해요?

   나 : 소영 씨는 ______________________ 을/를 좋아해요.

메 모

6과 공원에서 제니퍼 씨를 만납니다

1. 보기 와 같이 쓰세요.

보기

청소해요

1) 

______

2) 

______

3) 

______

4) 

______

5) 

______

2. 보기 와 같이 쓰세요.

보기 책 •	• 찍다	→	______.
1) 사진 •	• 하다	→	______.
2) 그림 •	• 추다	→	______.
3) 춤 •	• 읽다	→	책을 읽어요.
4) 산책 •	• 그리다	→	______.
5) 텔레비전 •	• 보다	→	______.

3. 보기 **와 같이 쓰세요.**

만화책 게임 청소 수영 노래 쇼핑 이야기
빨래 텔레비전 운동 한국어 공부 요리

재미있다	재미없다
보기 만화책이 재미있어요.	청소가 재미없어요.
______.	______.
______.	______.
______.	______.
______.	______.
______.	______.

4. 보기 **와 같이 쓰세요.**

따뜻하다 / 덥다 / 시원하다 / 춥다 맛있다 / 맛없다 싸다 / 비싸다
비가 오다 / 눈이 오다 넓다 / 좁다 무겁다 / 가볍다 크다 / 작다
어렵다 / 쉽다 깨끗하다 / 더럽다 재미있다 / 재미없다 맑다 / 흐리다

보기 가 : 여름 날씨가 어때요?
나 : (덥다, 비가 오다) 덥고 비가 와요.

1) 가 : 가방이 어때요?
나 : (크다, 무겁다) ______.

2) 가 : 오늘 날씨가 어때요?

나 : (맑다, 따뜻하다) ________________________________.

3) 가 : 한국어 공부가 어때요?

나 : (쉽다, 재미있다) ________________________________.

4) 가 : 바나나가 어때요?

나 : (싸다,   ) ________________________________.

5) 가 : 우리 교실이 어때요?

나 : (넓다,   ) ________________________________.

6) 가 : 학교 식당이 어때요?

나 : (,   ) ________________________________.

7) 가 : 겨울 날씨가 어때요?

나 : (,   ) ________________________________.

5. 보기 와 같이 쓰세요.

보기 한국, 날씨, 따뜻하다, 베트남, 날씨, 덥다

→ 한국은 날씨가 따뜻하고 베트남은 날씨가 더워요.

1) 나, 도서관, 가다, 친구, 우체국, 가다

→ ________________________________.

2) 선생님, 한국어, 가르치다, 학생들, 한국어, 배우다

→ ________________________________.

3) 상우, 김밥, 먹다, 투이, 햄버거, 먹다

→ ____.

4) 아사코, 청소하다, 왕단, 빨래하다

→ ____.

5) 저, 텔레비전, 보다, 투이, 전화하다

→ ____.

6) 제니퍼, 교실, 이야기하다, 팀, 교실, 잠, 자다

→ ____.

7) 나, 공원, 산책하다, 친구, 공원, 사진, 찍다

→ ____.

6. 보기 와 같이 쓰세요.

N입니다, N입니까?
N이/가 아닙니다

보기 가 : (이것, 커피) 이것은 커피입니까?
나 : (녹차) 아니요, 그것은 커피가 아닙니다.
그것은 녹차입니다.

1) 가 : (상우, 선생님) ____________________?
나 : (학생) 아니요, ____________________.
____________________.

2) 가 : (저것, 구두) ____________________?
나 : (운동화) 아니요, ____________________.
____________________.

3) 가 : (지금, 여름) ____________________?
나 : (가을) 아니요, ____________________.
____________________.

4) 가 : (티누, 일본 사람) ____________________?
나 : (베트남 사람) 아니요, ____________________.
____________________.

7. 보기 와 같이 쓰세요.

A/V-(스)ㅂ니다, A/V-(스)ㅂ니까?

보기 가 : 오늘은 날씨가 춥습니까? (춥다)
나 : 아니요, 오늘은 날씨가 안 춥습니다.
오늘은 날씨가 시원합니다. (시원하다)

1) 가 : 소영 씨는 햄버거를 ____________________? (좋아하다)
나 : 아니요, 저는 햄버거를 ____________________.
저는 스파게티를 ____________________.

2) 가 : 수미 씨, 오늘 기분이 ______________________________? (어떻다)

나 : 오늘 친구를 만납니다. 저는 기분이 ____________________.

3) 가 : 학생들이 운동장에서 ______________________________? (축구하다)

나 : 아니요, 학생들이 운동장에서 ________________________.

학생들이 운동장에서 ______________________________. (농구하다)

4) 가 : 사람들이 공원에서 ________________________________? (운동하다)

나 : 아니요, 사람들이 공원에서 __________________________.

사람들이 공원에서 ________________________________. (산책하다)

5) 가 : 팀 씨는 지금 포도를 ______________________________? (먹다)

나 : 아니요, 저는 지금 포도를 ___________________________.

저는 지금 바나나를 _______________________________.

6) 가 : 제니퍼 씨는 교실에서 _____________________________? (공부하다)

나 : 아니요, 제니퍼 씨는 교실에서 _______________________.

제니퍼 씨는 교실에서 _____________________________. (그림, 그리다)

7) 가 : 공원에 아이들이 __________________________________? (많다)

나 : 네, 공원에 아이들이 _______________________________.

8) 가 : 컴퓨터 게임이 ___________________________________? (   )

나 : 아니요, ____.

쓰 기

♠ 보기 와 같이 쓰세요.

질문	보기 제니퍼	이름 : ______
누구입니까?	제니퍼	
어디에 있습니까?	기숙사	
무엇을 합니까?	책을 읽다	
누가 있습니까?	팀, 상우	
무엇을 합니까?	팀 - 노래를 하다 상우 - 텔레비전을 보다	

보기

저는 제니퍼입니다.
지금 기숙사에 있습니다.
기숙사에서 책을 읽습니다.
팀 씨와 상우 씨도 기숙사에 있습니다.
팀 씨는 노래를 하고 상우 씨는 텔레비전을 봅니다.

____

____

____

____

____

메 모

7과 매점이 어디에 있어요?

1. 보기 와 같이 쓰세요.

1	2	3	4	5
보기 일				
6	7	8	9	10

25 ______________ 70 ______________

347 ______________ 406 ______________

5,620 ______________ 1,940 ______________

68,915 ______________ 80,509 ______________

2. 보기 와 같이 쓰세요.

보기  의자 위

 의자 ______

 의자 ______

 의자 ______

 의자 ______

 집 ______

 집 ______

3. 보기 와 같이 쓰세요.

N에 있다, N에 없다

보기

제니퍼 씨는 집 안에 있어요.

1)  컴퓨터는 ____________________.

2) 

은행은 ____________________.

3)  구두는 ____________________.

4)  배는 ____________________.

5)  팀 씨는 ____________________.

6) 

화장실은 ____________________.

4. 보기 와 같이 쓰세요.

보기 가 : 식당 옆에 주차장이 있어요?
나 : 아니요, 식당 옆에 없어요. 우체국 옆에 있어요. (우체국 옆)

1) 가 : 상우 씨가 운동장에 있어요?
나 : 아니요, ____________________. (교실 안)

2) 가 : 책상 위에 볼펜이 있어요?
나 : 아니요, ____________________. (필통 안)

3) 가 : 바지가 옷장 안에 있어요?

나 : 아니요, ______________________________. (침대 위)

4) 가 : 편의점이 세탁소 뒤에 있어요?

나 : 아니요, ______________________________. (약국 뒤)

5. 보기 와 같이 쓰세요.

보기

가 : 영화관이 공원 옆에 있어요?

나 : 네, 공원 옆에 있어요.

1)

가 : 콜라가 어디에 있어요?

나 : ______________________________.

2)

가 : 가방 안에 연필이 있어요?

나 : ______________________________.

3)

가 : ______________________________?

나 : 네, 의자 위에 있어요.

4)

가 : 서점 옆에 무슨 가게가 있어요?

나 : ______________________________.

5)

가 : ______________________________?

나 : ______________________________.

6. 보기 와 같이 쓰세요.

N와/과, N하고

보기

가 : 무슨 계절을 좋아해요?
나 : 여름과 겨울을 좋아해요.
여름하고 겨울을 좋아해요.

1) 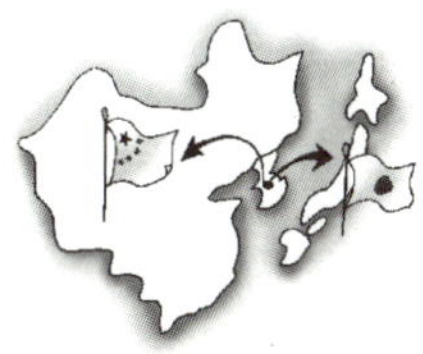

가 : 어디에 가요?
나 : ______________________.
______________________.

2) 

가 : 창문 옆에 무엇이 있어요?
나 : ______________________.
______________________.

3) 

가 : 팀 씨는 무엇을 먹어요?
나 : ______________________.
______________________.

4) 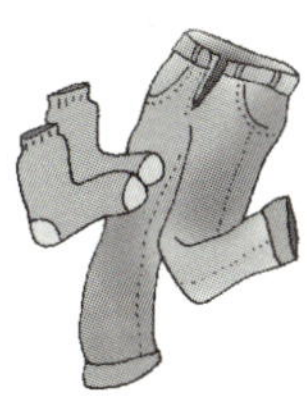

가 : 제니퍼 씨는 백화점에서 무엇을 사요?
나 : ______________________.
______________________.

5)  

가 : 무슨 운동을 해요?
나 : ______________________.
______________________.

6) 

가 : 학교 안에 무엇이 있어요?
나 : ______________________.
______________________.

7)  

가 : 무슨 차를 좋아해요?
나 : ______________________.
______________________.

7. 보기 와 같이 쓰세요.

N에는

보기 여기는 방이에요.
방 안에는 책상하고 침대가 있어요. 그리고 냉장고하고 옷장이 있어요.

1) 책상이에요.

______________________________.

2) 냉장고예요.

______________________________.

3) 침대예요.

______________________________.

4) 옷장이에요.

______________________________.

5) 가방이에요.

______________________________.

8. 보기 와 같이 쓰세요.

N의

아사코

팀

상우

보기 아사코 씨의 방은 3층에 있어요.

1) ______________________.

2) ______________________.

제니퍼

3) 이건 ______________________.

나

4) 이건 ______________________.

9. 보기 와 같이 쓰세요.

보기

상우

가 : 상우 씨의 컴퓨터는 어디에 있어요?

나 : 책상 위에 있어요.

1)  티누

가 : ______________________?

나 : ______________________.

2) 아사코 

가 : ______________________?

나 : ______________________.

3)  나

가 : ______________________?

나 : ______________________.

4)  제니퍼

가 : ______________________________?

나 : ______________________________.

5) 투이 

가 : ______________________________?

나 : ______________________________.

쓰기

1. 다음 질문에 대답하세요.

1) 여러분의 집(기숙사)은 몇 층에 있어요?
2) 여러분의 방에는 무엇이 있어요?
3) 책상이 있어요? 책상 위에는 무엇이 있어요? 책상 옆에는 무엇이 있어요?
4) 침대가 있어요? 침대 위에는 무엇이 있어요?
5) 옷장이 있어요? 옷장은 어디에 있어요? 옷장 안에는 무엇이 있어요?

2. 여러분의 방은 어때요? 위의 대답을 이용하여 쓰세요.

메 모

8과 생일이 언제예요?

1. 보기 와 같이 쓰세요.

보기 

이천구년 삼월 이십이일

1) 

2) 

3) 

4) 

5) 

6) 

7) 

8) 

2. 보기 에서 알맞은 말을 골라 쓰세요.

보기 뭐예요? 언제예요? 어디예요?

1) 가 : 생일이 ______________________?

나 : 일월 이십육일이에요.

2) 가 : 시험이 ______________________?

나 : 시월 구일이에요.

3) 가 : 여기는 ______________________?

나 : 계명대학교예요.

4) 가 : 저건 ______________________________?

나 : 전자사전이에요.

5) 가 : 여러분 생일은 ______________________?

나 : 제 생일은 __________________________.

3. 보기 와 같이 쓰세요.

몇 N

보기 가 : 소영 씨, 생일이 몇 월 며칠이에요?
(언제예요)
나 : (5월 30일) 오월 삼십일이에요.

1) 가 : 닉쿤 씨, 생일이 ______________________________?

나 : (6월 24일) ______________________________.

2) 가 : 선생님, 시험이 ______________________________?

나 : (11월 17일) ______________________________.

3) 가 : 투이 씨, 생일이 ______________________________?

나 : (9월 11일) ______________________________.

4) 가 : 한국어 시험이 ______________________________?

나 : (12월 20일) ______________________________.

5) 가 : 오늘은 ______________________________?

나 : (2월 18일) ______________________________.

4. 그림을 보고 보기 와 같이 쓰세요.

보기 가 : 우체국은 몇 층에 있어요?
나 : 1층에 있어요.

1) 가 : 매점과 병원은 ____________________________?
나 : ____________________________.

2) 가 : 영화관은 ____________________________?
나 : ____________________________.

3) 가 : 서점과 화장실은 ____________________________?
나 : ____________________________.

4) 가 : 식당하고 커피숍은 ____________________________?
나 : ____________________________.

5. 보기 와 같이 쓰세요. N에

6월

일	월	화	수	목	금	토
	1 시험	2	3	4	5 우체국	6
7	8	9	10	11 쇼핑	12	13
14	15 받아쓰기	16 수영	17	18	19	20 서점
21 영화	22	23	24	25	26 생일 파티	27
28	29	30	31 서울			

보기 유월 일일에 시험이 있어요.

1) ______________________________.

2) ______________________________.

3) ______________________________.

4) ______________________________.

5) ______________________________.

6) ______________________________.

7) ______________________________.

8) ______________________________.

6. 보기 와 같이 쓰세요.

월요일	화요일	수요일	목요일	금요일	토요일	일요일
한국어 수업	도서관	한국어 수업	도서관	한국어 시험	수영장 아르바이트	시장 아르바이트

보기 월요일과 수요일에 한국어 수업이 있어요.

1) ______________________________.

2) ______________________________.

3) ______________________________.

4) ______________________________.

N와/과 같이, N하고 같이
N와/과 함께, N하고 함께

7. 보기 와 같이 쓰세요.

보기 아사코하고, 나는, 먹어요, 같이, 밥을, 식당에서
→ 나는 아사코하고 같이 식당에서 밥을 먹어요.

1) 친구와, 청소해요, 함께, 제니퍼는, 교실을
→ ______________________________.

2) 나는, 주말에, 가요, 부산에, 왕단과, 이번, 같이
→ ______________________________.

3) 파티해요, 친구들하고, 팀은, 이번 주, 기숙사에서, 같이, 토요일에
→ ______________________________.

4) 도서관에서, 공부해요, 투이하고, 티누는, 오늘, 함께
→ ______________________________.

쓰 기

1. 다음을 보고 쓰세요.

3월

일	월	화	수	목	금	토
	1	2	3 친구	4	5 받아쓰기	6
7 영화(투이)	8	9	10	11 쇼핑	12	13
14	15 아사코 생일 파티	16	17	18	19 시장(소영)	20
21 수영(제니퍼)	22	23	24	25	26 생일 파티	27 부산(팀)
28	29	30	31 한국어 시험			

오늘은 삼월 삼일 수요일입니다. 친구를 만납니다.

____.

____.

____.

____.

____.

____.

____.

2. 여러분은 생일에 무엇을 해요? 보기 와 같이 쓰고 친구와 이야기해 보세요.

미역국, 케이크, 피자
맥주, 국수, 빵
와인, 스파게티
(   )

파티하다, 노래하다,
쇼핑하다
운동하다, 축하하다, 마시다
먹다, 이야기하다
(   )

보기 제 생일은 오월 이십사일입니다.
집에서 친구들과 함께 생일 파티를 합니다.
우리는 케이크도 먹고 이야기도 합니다.
생일 축하 노래도 합니다.
우리는 노래방에도 갑니다.

제 생일은 ____

____

____

____

____

____

____

____

메 모

9과 태권도 수업은 몇 시에 시작해요?

1. 보기 에서 알맞는 말을 골라 쓰세요.

보기 하나 ______ ______ ______ ______

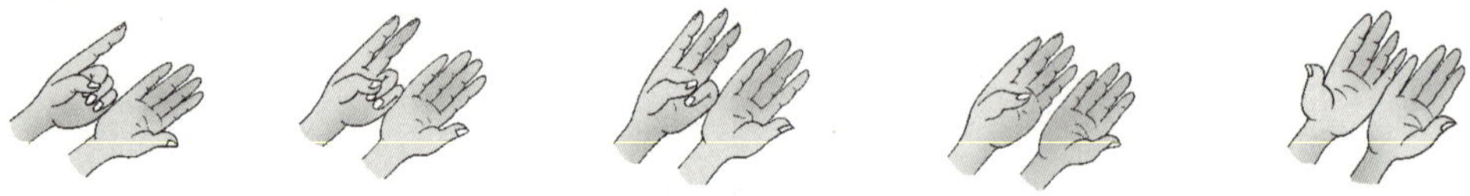

______ ______ ______ ______ ______

11	12	13	14	15
______	______	______	______	______
16	17	18	19	20
______	______	______	______	______

2. 보기 와 같이 쓰세요.

보기 매일, 유학생, 점심, 방학, 시험, 태권도

1) 아사코 씨는 제니퍼 씨와 함께 ______ 을/를 먹어요.

2) 제니퍼 씨는 도서관에서 공부를 해요. ______ 이/가 있어요.

3) 저는 미국 ______ 이에요. 한국에서 한국어를 배워요.

4) 저는 학교에서 ______ 을/를 배워요. 재미있어요.

5) 팀 씨는 ______ 상우 씨와 함께 농구를 해요.

6) 여름 ______ 은/는 7월에 시작해요.

3. 보기 와 같이 쓰세요.

시 분

보기	1:00	한 시	1)	2:00	______
2)	3:00	______	3)	4:00	______
4)	5:00	______	5)	6:00	______
6)	7:00	______	7)	8:00	______
8)	9:00	______	9)	10:00	______
10)	11:00	______	11)	12:00	______

4. 지금 몇 시예요?

1) 

______

2) 

______

3) 

______

4) 

______

5) 

______

6) 

______

5. 보기 와 같이 쓰세요.

보기

일본어, 가르치다 8:30	가 : 몇 시에 일본어를 가르쳐요? 나 : 여덟 시 삼십 분에 일본어를 가르쳐요.

1) 수영하다 11:00
가 : ______________________________?
나 : ______________________________.

2) 생일파티, 끝나다 10:50
가 : ______________________________?
나 : ______________________________.

3) 잠, 자다 12:30
가 : ______________________________?
나 : ______________________________.

4) 도서관, 가다 3:10
가 : ______________________________?
나 : ______________________________.

6. 보기 와 같이 쓰세요.

S-고 S

보기

이를 닦아요. 그리고 세수해요. ⇒ 이를 닦고 세수해요.

1)

__________. 그리고 __________. ⇒ ____________________.

2)

⇒

__________. 그리고 __________.　____________________.

3)

⇒

__________. 그리고 __________.　____________________.

4)

⇒

__________. 그리고 __________.　____________________.

7. 보기 와 같이 쓰세요.

> **보기** 가 : 운동을 해요. 그리고 무엇을 해요?
> 나 : <u>운동을 하고 목욕을 해요</u>.

1) 가 : 피아노를 쳐요. 그리고 무엇을 해요?
   나 : ____________________________________.

2) 가 : 청소를 해요. 그리고 어디에 가요?
   나 : ____________________________________.

3) 가 : 도서관에서 시험공부를 해요. 그리고 뭘 해요?
   나 : ____________________________________.

4) 가 : 친구와 함께 커피를 마셔요. 그리고 무엇을 해요?
   나 : ____________________________________.

5) 가 : 쇼핑을 해요. 그리고 뭘 해요?
   나 : ____________________________________.

8. 보기 와 같이 쓰세요.

N부터 N까지

보기 | 월요일 ~ 수요일 | 월요일부터 수요일까지

1) 오전 8:00 ~ 오후 2:00 ______________________________

2) 1월 5일 ~ 3월 3일 ______________________________

3) 2010년 ~ 2015년 ______________________________

4) 화요일 ~ 토요일 ______________________________

9. 보기 와 같이 쓰세요.

보기 | 9:00 ~

가 : 몇 시부터 수업을 해요?
나 : 9시부터 수업을 해요.

1) ~ 수요일

가 : 언제까지 시험이 있어요?
나 : ______________________________.

2) 7월 ~

가 : 몇 월부터 여름 방학이에요?
나 : ______________________________.

3) 12:30 ~ 1:30

가 : 몇 시부터 몇 시까지 점심 시간이에요?
나 : ______________________________.

4) 오전 9:00 ~ 오후1:00

가 : 오전 9시부터 오전 11시까지 수업이 있어요?
나 : ______________________________.

5) 10월 7일 ~ 10월 12일

가 : 언제 여행을 가요?
나 : ______________________________.

6) ?

가 : ______________________________?
나 : ______________________________.

쓰 기

♠ 다음 그림을 보고 쓰세요.

아사코 씨는 일곱 시에 일어납니다.

말하기

♠ **보기** 와 같이 이야기해 보세요.

보기

메 모

10과 동생은 등산을 좋아하지 않습니다

1. 보기 와 같이 쓰세요.

보기 좋다 좋아하다
싫다 싫어하다

1) 저는 바다가 ______________________.

2) 나는 한국 영화를 ______________________.

3) 내 동생은 운동을 안 ______________________.

4) 나는 우리 선생님이 ______________________.

5) 맥주를 ______________. 와인도 ______________.

6) 가 : 무슨 꽃을 ______________________?
   나 : ______________________.

7) 가 : 무엇을 ______________________?
   나 : ______________________.

2. 보기 에서 알맞은 말을 골라 쓰세요.

보기 그리고 그렇지만

1) 노래를 해요. ______________ 춤을 춰요.

2) 여름이에요. ______________ 안 더워요.

3) 김치가 매워요. ______________ 김치를 좋아해요.

4) 주말에 청소와 빨래를 해요. ______________ 한국 드라마를 봐요.

5) 저는 도서관에서 숙제를 해요. ______________ 책을 읽어요.

6) 그 식당 음식은 맛있어요. ______________ 비싸요.

3. 보기 와 같이 쓰세요.

S-지만 S

㉠ 내일은 태권도 수업이 없어요.
㉡ 나는 운동을 싫어해요.
㉢ 포도는 있어요.
㉣ 중국 사람들은 생일에 국수를 먹어요.
㉤ 볼펜은 있어요.
㉥ 기숙사에 휴게실이 없어요.
㉦ 대구는 날씨가 흐려요.

보기 연필은 없어요. (㉤)
연필은 없어요. 그렇지만 볼펜은 있어요.
연필은 없지만 볼펜은 있어요.

1) 사과는 없어요. (　　　)

______________________________.

______________________________.

2) 오늘은 태권도 수업이 있어요. (　　　)

______________________________.

______________________________.

3) 서울은 날씨가 맑아요. (　　　)

______________________________.

______________________________.

4) 내 동생은 운동을 좋아해요. (　　　)

______________________________.

______________________________.

5) 한국 사람들은 생일에 미역국을 먹어요. (　　　)

______________________________.

______________________________.

6) 기숙사에 컴퓨터실이 있어요. (　　　)

______________________________.

______________________________.

4. 보기 와 같이 쓰세요.

A/V-지 않다

보기

가 : 그림을 그려요?
나 : 아니요, 그림을 그리지 않아요.
사진을 찍어요.

1)

가 : 공부를 해요?
나 : 아니요, ______________________.
______________________.

2)

가 : 책을 읽어요?
나 : 아니요, ______________________.
______________________.

3)

가 : 저 옷이 싸요?
나 : 아니요, ______________________.
______________________.

4)

가 : 청소를 해요?
나 : 아니요, ______________________.
______________________.

5)

가 : 가방이 가벼워요?
나 : 아니요, ______________________.
______________________.

6)

가 : ______________________.
나 : 아니요, ______________________.
______________________.

5. 보기 와 같이 쓰세요.

A/V-았/었-

> **보기** (아침, 밥, 먹다)
> → 아침에 밥을 먹었어요.
> → 아침에 밥을 먹었습니다.

1) (주말, 영화관, 가다)

→ ______________________________.

→ ______________________________.

2) (공원, 사진, 찍다)

→ ______________________________.

→ ______________________________.

3) (학교 식당, 음식, 싸다, 맛있다)

→ ______________________________.

→ ______________________________.

4) (소영 씨, 운동, 좋아하지 않다)

→ ______________________________.

→ ______________________________.

5) (팀 씨, 주말, 백화점, 아르바이트하다)

→ ______________________________.

→ ______________________________.

6. 보기 와 같이 쓰세요.

보기 가 : 아침에 밥을 먹었어요?
나 : (빵, 먹다) 아니요, 아침에 밥을 안 먹었어요.
빵을 먹었어요.

1) 가 : 집에서 한국어를 공부했어요?
나 : (쉬다) ______________________.
______________________.

2) 가 : 운동장에서 친구들과 함께 축구했어요?
나 : (농구하다) ______________________.
______________________.

3) 가 : 어제 날씨가 좋았어요?
나 : (비가 오다, 춥다) ______________________.
______________________.

4) 가 : 주말에 청소했어요?
나 : (빨래하다) ______________________.
______________________.

5) 가 : 생일 파티에서 춤을 췄어요?
나 : (생일 축하 노래하다) ______________________.
______________________.

6) 가 : 어제 10시에 잠을 잤어요?
나 : (11시) ______________________.
______________________.

말하기

1. 무엇을 했어요? 친구에게 물어보세요.

	나	친구
월요일	보기 교실 청소	
화요일		
수요일		
목요일		
금요일		
토요일		
일요일		

보기 가 : 월요일에 뭘 했어요?
나 : 저는 월요일에 교실을 청소했어요.

저는 월요일에 ______________________.
친구는 월요일에 ______________________.

저는 화요일에 ______________________.
친구는 화요일에 ______________________.

저는 수요일에 ______________________.
친구는 수요일에 ______________________.

저는 목요일에 ______________________.
친구는 목요일에 ______________________.

저는 금요일에 ______________________.
친구는 금요일에 ______________________.

저는 토요일에 ______________________.
친구는 토요일에 ______________________.

저는 일요일에 ______________________.
친구는 일요일에 ______________________.

2. 친구에게 물어보세요.

• 매일 무엇을 해요?

	아사코	나	친구
매일	한국어 공부		
매주	수영(토, 일요일)		
매월	등산		
매년	바다(여름)		

보기 **아사코** 저는 매일 한국어를 공부합니다.
저는 매주 토요일과 일요일에 수영을 합니다.
저는 매월 등산을 합니다.
저는 매년 여름에 바다에 갑니다.

저는 매일 ______________________.
매주 ______________________.
매월 ______________________.
매년 ______________________.

친구는 매일 ______________________.
매주 ______________________.
매월 ______________________.
매년 ______________________.

메 모

11과 우리 가족은 모두 다섯 명입니다

1. 보기 와 같이 쓰세요.

보기 생일 ⇒ 생신

1) 에게 ⇒ ________ 2) 있다 ⇒ ________
3) 나이 ⇒ ________ 4) 밥 ⇒ ________
5) 이름 ⇒ ________ 6) 자다 ⇒ ________
7) 먹다, 마시다 ⇒ ________________.
8) 이름이 뭐예요? ⇒ ________________?
9) 몇 살이에요? ⇒ ________________?

2. 보기 와 같이 쓰세요.

보기 나는 산을 좋아해요. 그래서 매주 등산을 해요.

1) 오늘은 친구의 생일이에요. 그래서 ________________.
2) 내일부터 방학이에요. 그래서 ________________.
3) 나는 운동을 안 좋아해요. 그래서 ________________.
4) 바람이 많이 불어요. 그래서 ________________.
5) 다음 주에 시험이 있어요. 그래서 ________________.

조금 더 공부해요

아버지의 형, 남동생 ⇒ 삼촌
아버지의 누나, 여동생 ⇒ 고모

어머니의 오빠, 남동생 ⇒ 외삼촌
어머니의 언니, 여동생 ⇒ 이모

3. 보기 에서 알맞은 말을 골라 쓰세요.

N에게, N께

보기 에게, 께

1) 나는 친구__________ 전화했어요.

2) 동생은 할아버지__________ 꽃을 드렸어요.

3) 할머니는 상우__________ 케이크를 주십니다.

4) 친구는 선생님__________ 커피를 드렸어요.

5) 나는 아사코__________ 한국어를 가르쳐요.

4. 보기 와 같이 쓰세요.

보기

제니퍼	치마 ⇒ ⇐ 커피	어머니	제니퍼는 어머니께 치마를 드립니다. 어머니는 제니퍼에게 커피를 주십니다.

1)	동생	콜라 ⇒ ⇐ 피자	나	__________. __________.
2)	교수님	책 ⇒ ⇐ 꽃	상우	__________. __________.
3)	티누	운동화 ⇒ ⇐ 딸기	아사코	__________. __________.
4)	아버지	돈 ⇒ ⇐ 신문	나	__________. __________.

5. 보기 **와 같이 쓰세요.** N(이)시-

> 보기 형은 회사원입니다.
> 아버지는 회사원이십니다.

1) 나는 요리사입니다.
   어머니는 ______________________.

2) 동생은 경찰입니다.
   아버지는 ______________________.

3) 상우는 의사입니다.
   할아버지는 ______________________.

4) 제니퍼는 간호사입니다.
   할머니는 ______________________.

6. 보기 **와 같이 쓰세요.** V-(으)시-

> 보기 가다 가시다

읽다	________	마시다	________
전화하다	________	씻다	________
일어나다	________	닦다	________
만나다	________	좋아하다	________
오다	________	쉬다	________
감다	________	받다	________
싫어하다	________	먹다	________
자다	________	청소하다	________

7. 보기 와 같이 쓰세요.

보기

가 : 어머니는 무엇을 하십니까?
나 : (책, 읽다) 책을 읽으십니다.

1) 가 : 아버지는 텔레비전을 보십니까?
   나 : 네, ______________________.

2) 가 : 할아버지는 무엇을 하십니까?
   나 : (이, 닦다) ______________________.

3) 가 : 할머니는 지금 노래를 하십니까?
   나 : 아니요, ______________________.

4) 가 : 선생님은 무엇을 하십니까?
   나 : (한국어, 가르치다) ______________________.

5) 가 : 어머니는 지금 무엇을 하십니까?
   나 : (빵, 먹다) ______________________.

6) 가 : 아버지는 지금 주무십니까?
   나 : 네, ______________________.

8. 보기 와 같이 쓰세요.

보기

가 : 어머니는 어제 무엇을 하셨습니까?
나 : 어머니는 청소를 하셨습니다.

1)

가 : 할아버지는 오늘 아침에 무엇을 하셨습니까?
나 : ______________________.

2)

가 : 할머니는 어제 몇 시에 주무셨습니까?
나 : ______________________.

3) 

가 : 아버지는 어제 무엇을 하셨습니까?

나 : ______________________________.

4) 

가 : 선생님은 주말에 무엇을 하셨습니까?

나 : ______________________________.

5) 

가 : 부모님은 주말에 무엇을 하셨습니까?

나 : ______________________________.

6) 

가 : 할아버지는 어제 무엇을 하셨습니까?

나 : ______________________________.

9. 보기 와 같이 쓰세요.

누구

> **보기**
> 가 : 이 사람은 누구예요?
> 나 : 내 친구예요.

1) 가 : 이건 ______________________________?

나 : 제 모자예요.

2) 가 : ______________________________?

나 : 상우 씨는 왕단 씨를 좋아해요.

3) 가 : ______________________________?

나 : 팀 씨가 왔어요.

4) 가 : 이분은 ______________________________?

나 : 저의 선생님이십니다.

5) 가 : ______________________________?

나 : 어머니하고 함께 서울에 갔어요.

10. 보기 와 같이 쓰세요.

N(이)세요

보기 (어머니, 의사) 어머니는 의사세요.

1) (아버지, 회사원) ______________________.

2) (할아버지, 약사) ______________________.

3) (삼촌, 영어 선생님) ______________________.

4) (이모, 가수) ______________________.

11. 보기 와 같이 쓰세요.

V-(으)세요

보기 가 : 아버지는 지금 뭐 하세요?
나 : (신문, 읽다) 아버지는 지금 신문을 읽으세요.

1) 가 : 선생님은 지금 뭐 하세요?
나 : (교실, 노래하다) ______________________.

2) 가 : 고모는 지금 뭐 하세요?
나 : (방, 자다) ______________________.

3) 가 : 어머니는 지금 부엌에서 요리하세요?
나 : 네, ______________________.

4) 가 : 할머니는 뭐 하세요?
나 : (아침, 먹다) ______________________.

12. 보기 와 같이 쓰세요.

보기 가 : 어머니는 어디에 가셨어요?
나 : (시장) 어머니는 시장에 가셨어요.

1) 가 : 할아버지는 오늘 몇 시에 일어나셨어요?
나 : (오전 7시) ______________________.

2) 가 : 부모님은 주말에 무엇을 하셨어요?

나 : (공원, 산책하다) ________________________________.

3) 가 : 어머니는 언제 일본에 가셨어요?

나 : (어제) ________________________________.

4) 가 : 아버지는 어제 뭘 드셨어요?

나 : (불고기, 비빔밥) ________________________________.

13. 다음 문장을 완성하세요.

1) 상　우 : 선생님, 지금 어디에 ________________________________? (있다)

선생님 : 나는 지금 사무실에 ________________________________.

2) 상　우 : 지금 할아버지가 어디에 ________________________________? (가다)

제니퍼 : 지금 할아버지는 공원에 ________________________________.

3) 상　우 : 어제 어머니는 시장에서 포도를 ________________________________? (사다)

왕　단 : 네, 시장에서 포도를 ________________________________.

4) 상　우 : 어제 아버지가 영화를 ________________________________? (보다)

소　영 : 아니요, 아버지는 영화를 ________________________________.

5) 상　우 : 선생님, 어제 불고기를 ________________________________? (먹다)

선생님 : 네, 불고기를 ________________________________.

6) 상　우 : 제니퍼 씨의 어머니는 무엇을 ________________________________? (좋아하다)

제니퍼 : 우리 어머니는 꽃을 아주 ________________________________.

7) 상　우 : 선생님, 어제 몇 시에 ________________________________? (자다)

선생님 : 나는 어제 9시에 ________________________________.

8) 상　우 : 김 선생님은 학교에서 무엇을________________________________? (가르치다)

제니퍼 : 김 선생님은 영어를 ________________________________.

9) 상　우 : 선생님, 한국어 1급을 ________________________________? (가르치다)

선생님 : 네, 나는 지금 한국어 1급을 ________________________________.

10) 상　우 : 선생님, ________________________________?

선생님 : 내 이름은 이소영이에요.

메 모

12과 외국어를 할 수 있어요?

1. 보기 에서 알맞은 말을 골라 쓰세요.

보기 물론이다 한테 외국어 피곤하다

1) 가 : 등산했어요?
   나 : 네, 그래서 지금 좀 (   ).

2) 가 : 오늘 손님이 집에 와요. 청소를 했어요?
   나 : (   ). 그래서 집이 아주 깨끗해요.

3) 가 : 동생(   ) 무슨 선물을 줬어요?
   나 : 시계하고 책을 줬어요.

4) 가 : 무슨 (   )을/를 공부해요?
   나 : 이탈리아어와 일본어를 공부해요.

2. 보기 에서 알맞은 말을 골라 쓰세요.

보기 바쁘다 예쁘다 쓰다 아프다 고프다 나쁘다

1) 옷을 샀습니다. 그 옷은 아주 (   ).

2) 나는 매일 어머니께 편지를 (   ).

3) 아침과 점심을 안 먹었습니다. 그래서 지금 배가 아주 (   ).

4) 요즘 일이 많습니다. 그래서 아주 (   ).

5) 아이스크림을 많이 먹었습니다. 그래서 지금 배가 (   ).

6) 오늘은 날씨가 (   ). 바람이 많이 불고 비가 옵니다.

3. 보기 와 같이 쓰세요. V-(으)ㄹ 수 있다

보기

가 : 한국 노래를 할 수 있어요?

나 : 네, 한국 노래를 할 수 있어요.

1)

가 : ______________________?

나 : 네, ______________________.

2)

가 : ______________________?

나 : 네, ______________________.

3)

가 : ______________________?

나 : 네, ______________________.

4)

가 : ______________________?

나 : 네, ______________________.

5)

가 : ______________________?

나 : 네, ______________________.

4. 제니퍼 씨는 무엇을 할 수 있어요? 보기 와 같이 쓰세요.

보기 (한국어, 하다) 제니퍼 씨는 한국어를 할 수 있어요.

1) (케이크, 만들다) ______________________.

2) (태권도, 하다) ______________________.

3) (운전하다) ______________________.

4) (탁구, 치다) ______________________.

5. 보기 와 같이 쓰세요.

못 V

보기 가 : 상우 씨, 그림을 그릴 수 있어요?
나 : 아니요, 나는 그림을 못 그려요.

1) 가 : 아사코 씨, 김밥을 만들 수 있어요?
나 : 아니요, 나는 ______________________.

2) 가 : 투이 씨, 피아노를 칠 수 있어요?
나 : 아니요, 나는 ______________________.

3) 가 : 티누 씨, 야구할 수 있어요?
나 : 아니요, 나는 ______________________.

4) 가 : 왕단 씨, 술을 마실 수 있어요?
나 : 아니요, 나는 ______________________.

6. 보기 와 같이 쓰세요.

질 문	네	아니요
보기 프랑스어를 할 수 있어요?		○
1) 맥주를 마실 수 있어요?		
2) 그림을 그릴 수 있어요?		
3) 배구할 수 있어요?		
4) 운전할 수 있어요?		
5) 한국 신문을 읽을 수 있어요?		
6) 한국 음식을 만들 수 있어요?		

보기 나는 프랑스어를 못해요.

1) ______________________.
2) ______________________.
3) ______________________.
4) ______________________.
5) ______________________.
6) ______________________.

7. 보기 와 같이 쓰세요.

V-(으)ㄹ 수 없다

> 보기
> 가 : 오늘 저녁에 같이 밥을 먹을 수 있어요?
> 나 : 아니요, 약속이 있어요. 그래서 같이 밥을 먹을 수 없어요.

1) 가 : 내일 같이 수영장에 갈 수 있어요?

   나 : 아니요, 시간이 없어요. 그래서 ______________________.

2) 가 : 여기에서 사진을 찍을 수 있어요?

   나 : 아니요, ______________________________________.

3) 가 : 교실에서 담배를 피울 수 있어요?

   나 : 아니요, ______________________________________.

4) 가 : 지금 같이 축구할 수 있어요?

   나 : 아니요, 일이 많아요. 그래서 ______________________.

8. 보기 와 같이 쓰세요.

> 보기
> 가 : 지금 같이 커피를 마실 수 있어요?
> 나 : 아니요, 지금은 시간이 없어요.
> 그래서 커피를 마실 수 없어요. / 커피를 못 마셔요.

1) 가 : 여기에서 책을 읽을 수 있어요?

   나 : 네, ______________________________________.

2) 가 : 오늘 아사코 씨 집에 갈 수 있어요?

   나 : 아니요, 시간이 없어요. 그래서 ______________. / ______________.

3) 가 : 내일 아침 8시까지 학교에 올 수 있어요?

   나 : 네, ______________________________________.

4) 가 : 지금 운전할 수 있어요?

   나 : 아니요, 술을 마셨어요. 그래서 ______________. / ______________.

5) 가 : 저녁에 만날 수 있어요?

   나 : 아니요, 오늘 고향에 가요. 그래서 ______________. / ______________.

9. 보기 와 같이 쓰세요.

S-아서/어서

> 보기
> 날씨가 좋아요. 그래서 산책해요.
> → 날씨가 좋아서 산책해요.

1) 일이 많아요. 그래서 영화를 볼 수 없어요.

→ ______________________________.

2) 내일 시험이 있어요. 그래서 도서관에서 공부해요.

→ ______________________________.

3) 피곤해요. 그래서 집에서 쉬어요.

→ ______________________________.

4) 매일 운동을 해요. 그래서 몸이 건강해요.

→ ______________________________.

5) 부모님이 오세요. 그래서 지금 공항에 가요.

→ ______________________________.

10. 보기 와 같이 쓰세요.

> 보기
> 교실이 더웠어요. 그래서 창문을 열었어요.
> → 교실이 더워서 창문을 열었어요.

1) 어제 너무 시끄러웠어요. 그래서 잠을 못 잤어요.

→ ______________________________.

2) 사과가 쌌습니다. 그래서 많이 샀습니다.

→ ______________________________.

3) 음식이 아주 매웠어요. 그래서 물을 많이 마셨어요.

→ ______________________________.

4) 오늘 학교에 안 갔어요. 그래서 선생님이 전화하셨어요.

→ ______________________________.

5) 사무실에 선생님이 안 계셨어요. 그래서 못 만났어요.

→ ______________________________.

11. 보기 와 같이 쓰세요.

보기 가 : 왜 술을 많이 마셨어요?
나 : (기분, 안 좋다) 기분이 안 좋아서 술을 많이 마셨어요.

1) 가 : 왜 기분이 좋아요?
나 : (고향 친구, 만나다) ______________________.

2) 가 : 왜 학교 앞 식당에 안 가요?
나 : (음식, 맛없다) ______________________.

3) 가 : 왜 저녁을 안 먹어요?
나 : (점심, 많이 먹다) ______________________.

4) 가 : 왜 여행을 안 갔어요?
나 : (돈, 없다) ______________________.

5) 가 : 요즘 왜 운동을 안 해요?
나 : ______________________.

12. 보기 와 같이 쓰세요.

'으' 탈락

보기 공부를 많이 해서 머리가 아픕니다. → 아파요

1) 나는 매일 부모님께 편지를 씁니다. → ______________
2) 오늘은 날씨가 나쁩니다. → ______________
3) 선물을 받아서 기쁩니다. → ______________
4) 영화가 아주 슬픕니다. → ______________
5) 제니퍼 씨의 가방이 예쁩니다. → ______________
6) 점심을 안 먹어서 배가 고픕니다. → ______________
7) 요즘 일이 아주 많아서 바쁩니다. → ______________

13. 보기 와 같이 쓰세요.

> 보기
> 가 : 왜 이 운동화를 샀어요?
> 나 : (예쁘다) 예뻐서 샀어요.

1) 가 : 왜 울었어요?

   나 : (영화, 슬프다) ______________________.

2) 가 : 오늘 왜 서울에 갈 수 없어요?

   나 : (바쁘다) ______________________.

3) 가 : 왜 음식을 못 먹어요?

   나 : (이, 아프다) ______________________.

4) 가 : 어제 왜 술을 마셨어요?

   나 : (기분, 나쁘다) ______________________.

14. 보기 와 같이 쓰세요.

> 보기
> 가 : 어제 집에서 뭐 했어요?
> 나 : (쓰다) 부모님께 편지를 썼어요. / 썼습니다.

1) 가 : 어제 친구에게 꽃을 받았어요?

   나 : (기쁘다) 네, 그래서 아주 __________. / __________.

2) 가 : 어제 왜 학교에 안 왔어요?

   나 : (아프다) 배가 많이 __________. / __________.

3) 가 : 어제 팀 씨의 여동생을 만났어요?

   나 : (예쁘다) 네, 만났어요. 여동생이 아주 __________. / __________.

4) 가 : 부산 여행이 어땠어요?

   나 : (나쁘다) 재미있었어요. 그렇지만 날씨가 __________. / __________.

5) 가 : 어제 뮤지컬을 봤어요?

   나 : (슬프다) 네, 봤어요. 이야기가 너무 __________. / __________.

메 모

13과 사진을 찍을 거예요

1. 보기 와 같이 쓰세요.

보기 월요일 - (화요일) - 수요일 - (목요일) - 금요일

1) ( ) - 오늘 - ( )

2) ( ) - ( ) - 다음 주

3) ( ) - 이번 달 - ( )

4) ( ) - ( ) - 내년

2. 보기 에서 알맞은 말을 골라 쓰세요.

보기 보내다 넓다 아름답다 구경하다

1) 가 : 어제 뭘 했어요?
   나 : 친구와 함께 시내를 ______________________.

2) 이 교실은 좁지만 옆 교실은 ______________________.

3) 어제 부모님과 함께 제주도에 갔어요. 제주도가 아주 ______________.

4) 다음 주 토요일이 고향 친구의 생일이에요. 그래서 어제 친구에게 생일 선물을
   __________.

3. 보기 에서 알맞은 말을 골라 쓰세요.

보기 에 에게/한테 께

1) 제니퍼 씨는 매주 일요일에 부모님____________ 편지를 보냅니다.

2) 팀 씨는 동생____________ 선물을 주었어요.

3) 아사코 씨는 선생님____________ 이메일을 썼어요.

4) 나는 친구____________ 한국 영화 DVD를 보냈어요.

4. 보기 와 같이 쓰세요.

V-(으)ㄹ 거예요/거예요?

보기 나는 지금 불고기를 먹어요. ⇒ 나는 내일 불고기를 먹을 거예요.

1) 나는 지금 운동해요. ⇒ 나는 내일 ________________.

2) 나는 지금 시내에 가요. ⇒ 나는 내일 ________________.

3) 나는 지금 태권도를 배워요. ⇒ ____________________.

4) 나는 지금 머리를 감아요. ⇒ ____________________.

5) 나는 지금 산책해요. ⇒ ____________________.

6) 나는 지금 친구를 만나요. ⇒ ____________________.

5. 보기 와 같이 쓰세요.

보기 투이 : 소영 씨, 일요일에 뭐 할 거예요?
소영 : 일요일에 영화를 볼 거예요. (영화, 보다)

1) 소영 : 투이 씨, 방학에 뭐 할 거예요?
투이 : ____________________________. (호주, 가다)

2) 상우 : 티누 씨, 내일 축구할 거예요?
티누 : 아니요, ________________________. (야구하다)

3) 소영 : 상우 씨, 주말에 누구를 만날 거예요?
상우 : ____________________________. (투이)

4) 투이 : 티누 씨, 소영 씨에게 무슨 선물을 줄 거예요?
티누 : ____________________________. (꽃, 책)

5) 상 우 : 선생님, 주말에 뭐 하실 거예요?
선생님 : ____________________________. (쉬다)

6) 소영 : 티누 씨, 할아버지께 무엇을 드릴 거예요?
티누 : ____________________________. (옷)

6. 보기 와 같이 쓰세요.

V-(으)ㄹ 거예요/거예요?

보기 나는 지금 일을 합니다. ⇒ 나는 내일 일을 할 겁니다.

1) 나는 지금 친구를 만납니다. ⇒ 나는 내일 ____________________.

2) 나는 지금 과일을 삽니다. ⇒ 나는 내일 ____________________.

3) 나는 지금 골프를 칩니다. ⇒ 나는 내일 ____________________.

4) 나는 지금 김밥을 먹습니다. ⇒ ____________________.

5) 나는 지금 집에서 쉽니다. ⇒ ____________________.

6) 나는 지금 숙제를 합니다. ⇒ ____________________.

7. 보기 와 같이 쓰세요.

보기 아사코 : 제니퍼 씨, 다음 주에 서울에 갈 겁니까?
제니퍼 : 네, 서울에 갈 겁니다.

1) 팀 : 소영 씨, 다음 달부터 뭘 배울 겁니까?
소영 : ____________________. (피아노)

2) 티누 : 왕단 씨, 다음 달에 뭘 할 겁니까?
왕단 : ____________________. (일본, 여행 가다)

3) 투이 : 상우 씨, 주말에 뭘 할 겁니까?
상우 : ____________________. (바다, 구경하다)

4) 상우 : 소영 씨, 내일 집에서 쉴 겁니까?
소영 : 아니요, ____________________. (도서관, 책, 읽다)

5) 팀 : 선생님, 주말에 뭘 하실 겁니까?
선생님 : ____________________. (시내, 친구, 만나다)

6) 제니퍼 : 티누 씨, ____________________?
티누 : 아르바이트할 겁니다.

8. 보기 와 같이 쓰세요.

S-아서/어서 S

보기

가 : 투이 씨, 어디에 가요?
나 : 도서관에 가요.
가 : 도서관에서 뭐 해요?
나 : 도서관에서 책을 읽어요.
→ 투이 씨는 도서관에 가서 책을 읽어요.

1) 가 : 상우 씨, 지금 어디에 가요?
나 : 시내에 가요.
가 : 시내에서 뭐 해요?
나 : 시내에서 친구를 만나요.
→ ______________________.

2) 가 : 제니퍼 씨, 어제 어디에 갔어요?
나 : 시장에 갔어요.
가 : 시장에서 뭐 했어요?
나 : 시장에서 과일과 생선을 샀어요.
→ ______________________.

3) 가 : 팀 씨, 어디에 가요?
나 : 식당에 가요.
가 : 식당에서 뭘 먹어요?
나 : 식당에서 스파게티를 먹어요.
→ ______________________.

4) 가 : 투이 씨, 지난 주말에 뭐 했어요?
나 : 아사코 씨 집에 갔어요.
가 : 아사코 씨 집에서 뭐 했어요?
나 : 아사코 씨 집에서 생일파티를 했어요.
→ ______________________.

9. 보기 와 같이 쓰세요.

보기 서점에 가요. 서점에서 책을 사요.
→ 서점에 가서 책을 사요.

1) 공원에 가요. 공원에서 그림을 그려요.

→ ______________________________.

2) 어제 미용실에 갔어요. 미용실에서 머리를 했어요.

→ ______________________________.

3) 내일 놀이공원에 갈 거예요. 놀이공원에서 놀이 기구를 탈 거예요.

→ ______________________________.

4) 은행에 가요. 은행에서 돈을 찾아요.

→ ______________________________.

5) 주말에 백화점에 갔어요. 백화점에서 구두와 바지를 샀어요.

→ ______________________________.

6) 다음 주말에 수영장에 갈 거예요. 수영장에서 수영을 할 거예요.

→ ______________________________.

7) 오후에 문구점에 갈 거예요. 문구점에서 볼펜과 공책을 살 거예요.

→ ______________________________.

8) 약국에 가요. 약국에서 감기약을 사요.

→ ______________________________.

10. 보기 와 같이 쓰세요.

> **보기** 친구를 만나요. 친구와 함께 쇼핑할 거예요.
> → 친구를 만나서 쇼핑할 거예요.

1) 어제 선생님을 만났어요. 선생님과 차를 마셨어요.

→ ______________________________.

2) 다음 주에 상우 씨를 만나요. 상우 씨와 서울 시내를 구경해요.

→ ______________________________.

3) 김밥을 만들었어요. 김밥을 먹었어요.

→ ______________________________.

4) 선물을 살 거예요. 선물을 친구에게 줄 거예요.

→ ______________________________.

5) 편지를 썼어요. 편지를 선생님께 보냈어요.

→ ______________________________.

6) 사진을 찍을 거예요. 사진을 가족들에게 줄 거예요.

→ ______________________________.

7) 아침 7시에 일어났어요. 운동했어요.

→ ______________________________.

8) 아버지는 매일 아침에 공원에 가세요. 공원에서 산책을 하세요.

→ ______________________________.

말하기

♠ '-아서/어서'를 이용해서 이야기해 보세요.

1) 방학에 뭘 할 거예요? ______________________

2) 아침에 일어나서 뭘 했어요? ______________________

3) 오후에 집에 가서 뭘 해요? ______________________

4) 오늘 뭘 할 거예요? ______________________

쓰 기

♠ 보기 와 같이 쓰세요.

질문	〈보기〉 나	나
주말에 누구를 만났습니까?	친구를 만났습니다.	
어디에 갔습니까?	커피숍에 갔습니다.	
무엇을 했습니까?	이야기를 했습니다.	
다음 주에는 무엇을 할 겁니까?	친구와 함께 등산할 겁니다.	

보기

나는 주말에 친구를 만났습니다.
친구를 만나서 커피숍에 갔습니다.
커피숍에 가서 이야기를 했습니다.
다음 주에는 친구와 함께 등산할 겁니다.

⇒ ______________________

____

____

____

메 모

14과 잠깐 쉴까요?

1. 보기 와 같이 쓰세요.

V-(으)ㄹ까요?

보기
오늘 시내에 갈 거예요.
우리 같이 영화 볼까요? (영화, 보다)

1) 오늘 숙제가 많아요.
우리 같이 ____________________? (도서관, 숙제하다)

2) 주말에 시간이 많아요.
우리 같이 ____________________? (등산, 가다)

3) 날씨가 더워요.
우리 같이 ____________________? (맥주, 마시다)

4) 내일은 팀 씨 생일이에요.
우리 같이 ____________________? (기숙사, 생일파티 하다)

2. 보기 와 같이 쓰세요.

V-(으)ㅂ시다

보기
가 : 우리 같이 공부할까요?
나 : 네, 좋아요. 같이 공부합시다.

1) 가 : 우리 같이 점심을 먹을까요?
나 : 네, 좋아요. ____________________.

2) 가 : 우리 같이 공원에서 사진을 찍을까요?
나 : 네, 좋아요. ____________________.

3) 가 : 우리 같이 산책할까요?
나 : 네, 좋아요. ____________________.

4) 가 : 우리 같이 커피 마실까요?
나 : 네, 좋아요. ____________________.

3. 보기 와 같이 쓰세요.

V-아요/어요

> 보기
> 가 : 같이 점심을 먹을까요?
> 나 : 네, 점심을 먹어요.

1) 가 : 우리 같이 노래할까요?
   나 : 네, ________________.

2) 가 : 주말에 같이 테니스를 칠까요?
   나 : 네, ________________.

3) 가 : 저 식당에 갈까요?
   나 : 네, ________________.

4) 가 : 오늘 오후에 한국 요리를 만들까요?
   나 : 네, ________________.

4. 보기 와 같이 쓰세요.

> 보기
> 가 : 시간이 있어요. 무엇을 할까요?
> 나 : 같이 산책합시다 / 산책해요. (산책하다)

1) 가 : 시간이 있어요. 무엇을 할까요?
   나 : ________________. (차 마시다)

2) 가 : 점심을 먹고 뭐 할까요?
   나 : ________________. (텔레비전 보다)

3) 가 : 주말에 뭐 할까요?
   나 : ________________. (놀이공원에 가다)

4) 가 : 방학에 뭐 할까요?
   나 : ________________. (태권도를 배우다)

5. 보기 **와 같이 쓰세요.**

보기

가 : 우리 시내에서 무엇을 할까요?

나 : 같이 쇼핑해요.

밥도 먹읍시다.

영화도 볼까요?

1) 가 : 우리 편의점에서 ____________________?

나 : 편의점에서 ____________________.

____________________.

____________________?

2) 가 : 우리 제주도에서 ____________________?

나 : 제주도에서 ____________________.

____________________.

____________________?

3) 가 : 우리 공원에서 ____________________?

나 : 공원에서 ____________________.

____________________.

____________________?

3) 가 : 우리 주말에 ____________________?

나 : 주말에 ____________________.

____________________.

____________________?

6. 보기 와 같이 쓰세요.

N도 A/V-고 N도 A/V

보기

가 : 어제 뭐 먹었어요?
나 : 라면도 먹고 김밥도 먹었어요.

1)

가 : 무엇을 사요?
나 : ______________________________.

2)

가 : 지난 주말에 뭐 했어요?
나 : ______________________________.

3)

가 : 사람들이 공원에서 뭐 해요?
나 : ______________________________.

4)

가 : 오늘 오후에 뭐 할까요?
나 : ______________________________.

5)

가 : 어머니께 무슨 선물을 드렸어요?
나 : ______________________________.

6)

가 : 이번 방학에 뭐 할 거예요?
나 : ______________________________.

7. 보기 와 같이 쓰세요.

보기
가 : 식당에서 뭐 먹을까요?
나 : 불고기를 먹읍시다, 냉면도 먹읍시다.
다 : 네, 좋아요. 불고기도 먹고 냉면도 먹어요.

1) 가 : 매점에서 뭐 살까요?
나 : ______________________________.
가 : 네, 좋아요. ______________________________.

2) 가 : 이번 주말에 뭐 할까요?
나 : ______________________________.
가 : 네, 좋아요. ______________________________.

3) 가 : 시내에 가서 무엇을 할까요?
나 : ______________________________.
가 : 네, 좋아요. ______________________________.

4) 가 : 문구점에 가서 무엇을 살까요?
나 : ______________________________.
가 : 네, 좋아요. ______________________________.

5) 가 : 이번 여름 방학에 어디로 여행을 갈까요?
나 : ______________________________.
가 : 네, 좋아요. ______________________________.

말하기

1. 보기 와 같이 친구와 이야기해 보세요.

보기

나　: 우리 뭐 먹을까요?
친구 : 김밥을 먹읍시다. 라면도 먹읍시다.
나　: 좋아요. 김밥도 먹고 라면도 먹어요.

1)

2)

3)

4)

2. 보기 와 같이 친구와 이야기해 보세요.

영화를 보다	이야기하다
탁구를 치다	냉면을 먹다
공원에서 그림 그리다	김밥을 먹다
노래하다	술을 마시다
산책을 하다	차를 마시다
등산하다	불고기를 먹다

보기

상우 : 왕단 씨, 주말에 시간이 있어요?
왕단 : 네, 있어요.
상우 : 그럼 같이 영화 볼까요?
왕단 : 좋아요.
그러면 같이 영화도 보고 이야기도 해요.

메 모

15과 공책 한 권에 얼마예요?

1. 보기 와 같이 쓰세요.

보기

3 고양이 세 마리

1)  1 ________

2)  5 ________

3)  20 ________

4)  2 ________

5)  25 ________

6)  4 ________

7)  8 ________

8)  16 ________

조금 더 공부해요 I

그루

켤레

판

벌

조금 더 공부해요 II

10	20	30	40	50
열	스물	서른	마흔	쉰
60	70	80	90	100
예순	일흔	여든	아흔	백

2. 보기 와 같이 쓰세요.

N에

보기

(1 / 2500원)

가 : 커피 한 잔에 얼마예요?
나 : 이천오백 원이에요.

1) 
(3 / 2000원)

가 : 꽃 ______________________?
나 : ______________________.

2) 
(1 / 34000원)

가 : 옷 ______________________?
나 : ______________________.

3) 
(1 / 600000원)

가 : 컴퓨터 ______________________?
나 : ______________________.

4) 
(1 / 55000원)

가 : 운동화 ______________________?
나 : ______________________.

5) 
(2 / 3500원)

가 : 생선 ______________________?
나 : ______________________.

6) 
(5 / 1500원)

가 : 오렌지 한 개에 천오백 원이에요?
나 : 아니요, ______________________.

7) 
(1 / 650원)

가 : 콜라 한 병에 육백오십 원이에요?
나 : ______________________.

8) 

(1 / 17000원)

가 : ______________________?
나 : ______________________.

3. 보기 와 같이 쓰세요.

V-(으)세요, V-(으)십시오

보기

1) 

2) 

3) 

4) 

5) 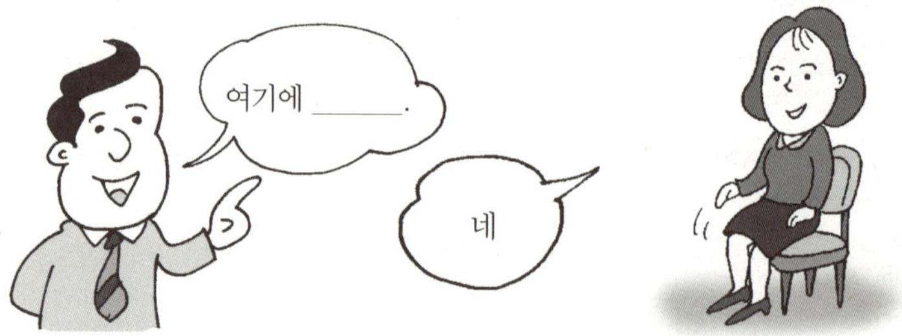

6) 

4. 보기 와 같이 쓰세요.

보기 아침이에요. 빨리 일어나세요. / 일어나십시오.

1) 내일 아침 8시까지 학교에 ____________. / ____________. (오다)

2) 비가 와요. 빨리 집에 ____________. / ____________. (가다)

3) 날씨가 추워요. 옷을 많이 ____________. / ____________. (입다)

4) 아주머니, 여기 녹차 한 잔 ____________. / ____________. (주다)

5) 배가 아파요? 그럼 이 약을 ____________. / ____________. (먹다)

6) 이 옷이 예뻐요. 이 옷을 ____________. / ____________. (사다)

7) 일이 많아요. 좀 ____________. / ____________. (도와주다)

8) 이 책이 어려워요? 그럼 저 책을 ____________. / ____________. (읽다)

9) 떡볶이가 매워요? 그럼 물을 ____________. / ____________. (마시다)

10) 수업을 시작할 거예요. 모두 자리에 ____________. / ____________. (앉다)

11) 아버지, 어머니 안녕히 ____________. / ____________. (자다)

12) 시장이 싸요. 시장에서 과일을 ____________. / ____________. (사다)

13) 다음 주 월요일까지 자기소개서를 ____________. / ____________. (쓰다)

14) 다음 주에 시험이 있어요. 열심히 ____________. / ____________. (공부하다)

15) 지금 선생님이 안 계세요. 내일 ____________. / ____________. (오다)

5. 무엇을 하고 싶어요? 보기 와 같이 쓰세요

V-고 싶다

보기 집에서 쉬고 싶어요.

1) ______________________________.

2) ______________________________.

3) ______________________________.

4) ______________________________.

5) ______________________________.

6) ______________________________.

7) ______________________________.

6. 보기 와 같이 쓰세요

보기 가 : 상우 씨, 골프를 치고 싶어요?
나 : 네, 골프를 치고 싶어요.

1) 가 : 제니퍼 씨, 햄버거를 먹고 싶어요?
나 : 아니요, ________________________.

2) 가 : 팀 씨, 노트북을 사고 싶어요?
나 : 네, ________________________.

3) 가 : 한국에서 무엇을 하고 싶어요?
나 : ________________________.

4) 가 : 누구를 만나고 싶어요?
나 : ________________________.

7. 보기 와 같이 쓰세요

S-(으)니까 S

보기 날씨가 추우니까 옷을 많이 입으세요. (춥다)

1) 방이 ____________ 청소하세요. (더럽다)

2) 토요일에는 시내에 사람이 ____________ 월요일에 가세요. (많다)

3) 지금은 밖에 비가 많이 ____________ 농구는 다음에 합시다. (오다)

4) 오늘은 ____________ 내일 오세요. (바쁘다)

5) 지금은 길이 ____________ 지하철을 타고 갑시다. (복잡하다)

6) 제니퍼 씨는 장미꽃을 ____________ 장미꽃을 삽시다. (좋아하다)

7) 아기가 잠을 ____________ 조용히 하세요. (자다)

8) 내일 시험이 ____________ 9시까지 학교에 오세요. (있다)

9) 물이 ____________ 조심하세요. (뜨겁다)

8. 보기 와 같이 쓰세요.

보기 가 : 우리 놀이공원에 갈까요?
나 : 놀이공원에는 지난주에 갔으니까 오늘은 영화관에 갑시다.

1) 가 : 밥을 ________ 커피를 마실까요?
나 : 네, 그럼 학교 앞 커피숍에 가요.

2) 가 : 우리 영화 '괴물'을 볼까요?
나 : '괴물'은 ________ '아바타'를 봅시다.

3) 가 : 우리 오늘 농구를 할까요?
나 : 어제 농구를 ________ 오늘은 공원에 가서 자전거를 탑시다.

4) 가 : 저녁에 떡볶이를 먹을까요?
나 : 떡볶이는 점심에 ________ 김밥을 먹어요.

말하기

♠ 보기 와 같이 이야기해 보세요.

보기
가 : 어서 오세요.
나 : 생선 한 마리에 얼마예요?
가 : 5000원이에요.
나 : 그럼, 두 마리 주세요.
가 : 네, 여기 있어요.

보기  5000원 (2)

1)  1500원 (3)

2)  300원 (15)

3)  700원 (10)

4)  1200원 (20)

메모

16과 부모님이 일본에서 오세요

1. 보기 와 같이 쓰세요.

> **보기** 가 : 시내에 갑니다. 무엇을 타요?
> 나 : 택시를 타요.

1) 가 : 일본에 갑니다. 무엇을 타요?
   나 : ______________________________.

2) 가 : 서울에 갑니다. 무엇을 타요?
   나 : ______________________________.

3) 가 : 영화관에 갑니다. 무엇을 타요?
   나 : ______________________________.

4) 가 : 제주도에 갑니다. 무엇을 타요?
   나 : ______________________________.

조금 더 공부해요 어디에서 타요?

공 항

공항에서 비행기를 타요.

정류장

정류장에서 버스를 타요.

역

역에서 기차(지하철)를 타요.

여객선 터미널

여객선 터미널에서 배를 타요.

2. 보기 와 같이 쓰세요.

보기 가 : 학교에서 한국어를 얼마나 공부해요?
나 : 네 시간 공부해요.

1) 가 : 오늘 농구를 얼마나 할 거예요?
나 : ________________________________.

2) 가 : 피자를 얼마나 먹을 수 있어요?
나 : ________________________________.

3) 가 : 과일을 얼마나 살까요?
나 : ________________________________.

4) 가 : 어제 술을 얼마나 마셨어요?
나 : ________________________________.

3. 보기 와 같이 쓰세요.

보기 가 : 어제 왜 학교에 안 왔어요?
나 : 어제 아파서 학교에 못 왔어요.

1) 가 : 왜 숙제를 안 했어요?
나 : ________________________________.

2) 가 : 왜 요즘 밤에 잠을 못 자요?
나 : ________________________________.

3) 가 : 오후에 왜 시내에 가요?
나 : ________________________________.

4) 가 : 여러분은 왜 한국에 왔어요?
나 : ________________________________.

4. 보기 와 같이 쓰세요.

> **보기** 가 : 주말에 제주도에 가서 말을 탈 거예요.
> 나 : 그래요? 누구와 같이 제주도에 갈 거예요?

1) 가 : 내일 친구와 같이 백화점에 갈 거예요.

나 : 그래요? ______________________________?

2) 가 : 오늘 저녁에 친구의 생일 파티가 있어요.

나 : 그래요? ______________________________?

3) 가 : 어제 시장에 가서 과일을 샀어요.

나 : 그래요? ______________________________?

4) 가 : 지난주에 부모님과 부산에 갔어요.

나 : 그래요? ______________________________?

5. 보기 와 같이 쓰세요.

N에서 오다

> **보기** 가 : 어디에서 오셨어요?
> 나 : (호주) 저는 호주에서 왔어요.

1) 가 : 어디에서 오셨어요?

나 : (캐나다) ______________________________.

2) 가 : 어디에서 오셨어요?

나 : (서울) ______________________________.

3) 가 : 어디에서 오셨어요?

나 : (미국) ______________________________.

4) 가 : 여러분은 어디에서 오셨어요?

나 : (   ) ______________________________.

6. 보기 와 같이 쓰세요.

N에서 N까지

보기 가 : (집 → 학교) 집에서 학교까지 얼마나 걸려요?
나 : (30분) 삼십 분쯤 걸려요.

1) 가 : (여기 → 도서관) ______________________?

나 : (15분) ______________________.

2) 가 : (기숙사 → 학교) ______________________?

나 : (10분) ______________________.

3) 가 : (한국 → 베트남) ______________________?

나 : (4시간) ______________________.

4) 가 : (집 → 시장) ______________________?

나 : (30분) ______________________.

5) 가 : (서울 → 부산) ______________________?

나 : (5시간) ______________________.

6) 가 : (학교 → 시내) ______________________?

나 : (10분) ______________________.

7) 가 : (→   ) ______________________?

나 : (   ) ______________________.

7. 보기 와 같이 쓰세요.

N(으)로

> **보기** 가 : 학교에서 집까지 얼마나 걸려요?
> 나 : (버스, 30분) 버스로 삼십 분쯤 걸려요.

1) 가 : 대구에서 부산까지 얼마나 걸려요?
   나 : (기차, 2시간) ________________________________.

2) 가 : 한국에서 호주까지 얼마나 걸려요?
   나 : (비행기, 11시간) ________________________________.

3) 가 : 여기에서 시내까지 얼마나 걸려요?
   나 : (지하철, 20분) ________________________________.

4) 가 : 집에서 시장까지 얼마나 걸려요?
   나 : (버스, 15분) ________________________________.

5) 가 : 학교에서 공항까지 얼마나 걸려요?
   나 : (택시, 30분) ________________________________.

6) 가 : 기숙사에서 우체국까지 얼마나 걸려요?
   나 : (자전거, 10분) ________________________________.

7) 가 : 여기에서 편의점까지 얼마나 걸려요?
   나 : (걸어서, 10분) ________________________________.

8) 가 : 여러분 나라에서 한국까지 얼마나 걸려요?
   나 : (　　　,　　　) ________________________________.

말하기

♠ 보기 와 같이 친구와 이야기해 보세요.

팀	미국	비행기	12시간
샤오밍	중국	배	10시간
아사코	일본	배	7시간
티누	베트남	비행기	5시간

보기

가 : 팀 씨는 어디에서 오셨어요?
나 : 저는 미국에서 왔어요.
가 : 미국에서 한국까지 얼마나 걸려요?
나 : 비행기로 열두 시간쯤 걸려요.

→ 팀 씨는 미국 사람이에요.
팀 씨는 미국에서 한국까지 비행기로 왔어요.
미국에서 한국까지 비행기로 열두 시간쯤 걸려요.

1) 가 : 샤오밍 씨는 어디에서 오셨어요?
나 : 저는 ______________________.
가 : 중국에서 한국까지 ______________________?
나 : ______________________.

→ ______________________.
______________________.
______________________.

2) 가 : 아사코 씨는 어디에서 오셨어요?

나 : 저는 ______________________________.

가 : 일본에서 한국까지 ______________________?

나 : __________________________________.

→ __________________________________.

__________________________________.

__________________________________.

3) 가 : 티누 씨는 어디에서 오셨어요?

나 : 저는 ______________________________.

가 : 베트남에서 한국까지 ______________________?

나 : __________________________________.

→ __________________________________.

__________________________________.

__________________________________.

4) 가 : __________ 씨는 어디에서 오셨어요?

나 : 저는 ______________________________.

가 : __________________________________?

나 : __________________________________.

→ __________________________________.

__________________________________.

__________________________________.

메 모

17과 버스를 타고 가려고 합니다

1. 보기 와 같이 쓰세요.

보기

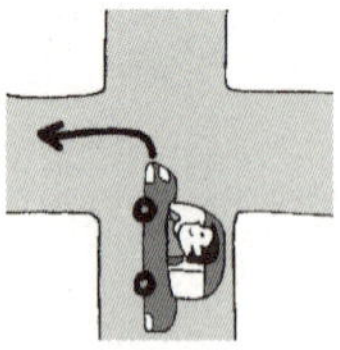

왼쪽으로 가세요.

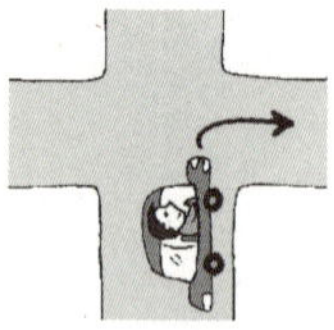

________________.

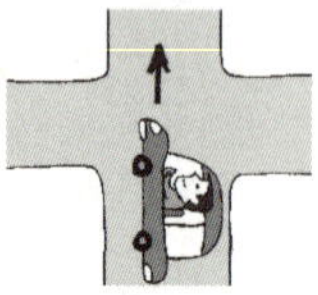

________________.

________________.

조금 더 공부해요

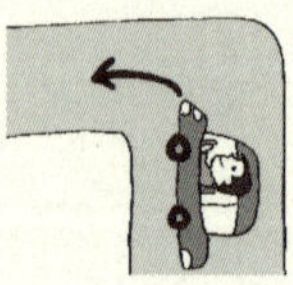

좌회전 하다

우회전 하다

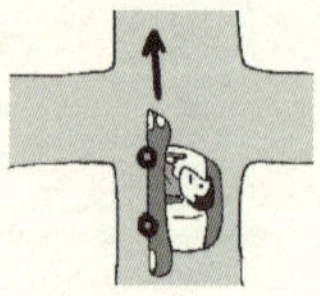

직진 하다

길을 건너다

2. 보기 에서 알맞은 말을 골라 쓰세요.

보기 기다리다 타고 가다 피우다 도와주다 죄송하다

1) 비가 오니까 택시를 ________________.

2) 선생님, 수업에 늦어서 정말 ________________.

3) 제니퍼 씨가 올 거예요. 여기에 앉아서 ________________.

4) 가방이 너무 무거워요. 좀 ________________.

5) 밖에 나가서 담배를 ________________.

3. 보기 와 같이 쓰세요.

N(으)로

보기

가 : 이 버스는 어디로 가요?

나 : (학교) 학교로 가요.

1) 

가 : 이 비행기는 어디로 가요?

나 : (중국) ______________________.

2) 

가 : 이 기차는 어디로 가요?

나 : (서울) ______________________.

3) 

가 : 이 배는 어디로 가요?

나 : (부산) ______________________.

4) 

가 : 우리 이번 여행은 어디로 갈까요?

나 : (경주) ______________________.

5) 

가 : 주말에 어디로 가고 싶어요?

나 : (산) ______________________.

4. 보기 에서 알맞은 말을 골라 쓰세요.

보기 (으)로 에서 까지

1) 이번 방학에는 배(   ) 제주도에 여행가고 싶어요.

2) 팀 씨는 지난달에 미국(   ) 왔어요.

3) 한국(   ) 호주(   ) 비행기(   ) 얼마나 걸립니까?

4) 내일 일이 많으니까 오전 8시(   ) 회사에 오십시오.

5) 요즘은 버스를 타지 않고 자전거(   ) 학교에 다닙니다.

5. 보기 와 같이 쓰세요.

V-(으)려고 하다

보기 가 : 다음 주에 고향에 가서 뭘 하려고 해요?
나 : (친구, 만나다) 친구를 만나려고 해요.

1) 가 : 이번 겨울 방학에 뭘 하려고 해요?
나 : (스키장, 가다, 스키, 타다) ______________________.

2) 가 : 점심에 뭘 먹으려고 해요?
나 : (빵, 우유) ______________________.

3) 가 : 주말에 뭘 하려고 해요?
나 : (부모님, 편지, 쓰다) ______________________.

4) 가 : 아사코 씨 집에 가서 뭘 하려고 해요?
나 : (일본 음식, 만들다) ______________________.

5) 가 : 이 옷을 누구에게 선물하려고 해요?
나 : (아버지, 드리다) ______________________.

6. 보기 와 같이 쓰세요.

보기 가 : 뭘 하려고 해요?
나 : 동생이 보고 싶어서 동생한테 전화하려고 해요. (전화하다)

1) 가 : 오늘 뭘 하려고 해요?
나 : 날씨가 더워서 ______________________. (수영장, 가다)

2) 가 : 오늘 영화관에 갈 거예요?
나 : 아니요, 사람이 많아서 ______________________. (내일 가다)

3) 가 : 등산할 거예요?
나 : 아니요, 눈이 와서 오늘은 친구와 ______________________. (놀다)

4) 가 : 인천까지 KTX로 갈 거예요?
나 : 아니요, KTX가 비싸서 ______________________. (버스, 타고 가다)

7. 그림을 보고 쓰세요.

1) 친구 생일에 뭘 하려고 해요?

2) 부산에 가서 뭘 하려고 해요?

3) 올해 뭘 하려고 해요?

8. 보기 에서 알맞은 말을 골라 쓰세요.

V-아/어 주세요

보기 만들다 쓰다 가르치다 조용히 하다 열다 노래하다

1) 방이 더워요. 창문 좀 ____________________.

2) 배가 고파요. 김밥을 ____________________.

3) 노래를 듣고 싶어요. ____________________.

4) 여기에 이름과 전화번호를 ____________________.

5) 아이가 잠을 자요. ____________________.

9. 보기 와 같이 쓰세요.

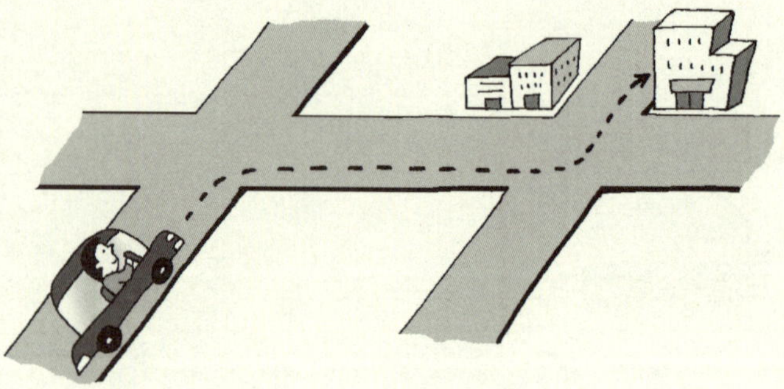

택시 기사 : 안녕하세요? 손님. 어디로 가십니까?

손님 : 기사님, 백화점으로 가 주세요.

택시 기사 : 죄송하지만 백화점이 어디에 있습니까?
손님께서 길을 좀 ____________________.

손님 : 여기에서 ____________________.
그리고 사거리에서 ____________________.
그리고 다시 사거리에서 ____________________.
오른쪽에 백화점이 있어요.

10. 보기 와 같이 쓰세요.

다음 주 토요일은 제니퍼 씨의 생일입니다.
친구들이 제니퍼 씨의 생일 파티를 하려고 합니다.
아사코 씨는 케이크를 만들려고 합니다.
그리고 아사코 씨는 친구들에게 부탁합니다.

보기 투이 씨, 시장에 가서 과일을 좀 사 주세요.

1) 소영 씨, ______________________________.

2) 왕단 씨, ______________________________.

3) 상우 씨, ______________________________.

4) 팀 씨, ______________________________.

5) 티누 씨, ______________________________.

말하기

1. 보기 와 같이 이야기해 보세요.

가 : 올해 뭘 하려고 해요?
나 : 일본어를 배우려고 해요.
가 : 왜요?
나 : 일본 여행을 하고 싶어서 일본어를 배우려고 해요.

보기	일본어를 배우다	일본 여행을 하고 싶다

1) 열심히 운동을 하다 — 건강이 안 좋다

2) 돈을 모으다 — 자동차를 사고 싶다

3) 한국어를 열심히 공부하다 — 한국어 능력시험에 합격하고 싶다

4) ______________________ ______________________

2. 보기 와 같이 말하세요.

가 : 한국어 사전이 있어요?
나 : 네, 있어요.
가 : 미안하지만, 한국어 사전 좀 빌려 주세요.

보기	한국어 사전이 있다	한국어 사전 좀 빌리다

1) 팀 씨의 전화번호를 알다 — 전화번호를 가르치다

2) 시간이 있다 — 도와주다

3) 태권도를 할 수 있다 — 태권도를 가르치다

4) 학교 주소를 알다 — 여기에 좀 쓰다

메 모

18과 커피를 마시지 마세요

1. 보기 에서 알맞은 말을 골라 쓰세요.

보기 하루 식사 목 생활 새벽 약 감기

1) 가 : 요즈음 한국어를 얼마나 공부해요?
   나 : ____________에 네 시간 공부해요.

2) 요즘 시간이 없어서 ____________에 운동을 해요.

3) ____________에 걸려서 기침을 많이 해요.

4) 가 : 기숙사 ____________은/는 어때요?
   나 : 기숙사는 여러 나라의 친구들과 함께 살아서 재미있어요.

5) 머리가 아파요? 그러면 이 ____________을/를 드세요.

6) 기숙사의 점심 ____________시간은 12시부터 1시까지입니다.

7) 어제 노래를 많이 해서 ____________이/가 아파요.

2. 보기 와 같이 쓰세요.

1일	2일	3일	4일	5일
보기 하루				

조금 더 공부해요

6일	7일	8일	9일	10일	15일
엿새	이레	여드레	아흐레	열흘	보름

3. 보기 와 같이 쓰세요.

V-지 마세요, V-지 마십시오

보기 똑바로 가지 마세요.

똑바로 가지 마십시오.

1) ________________

____

2) ________________

____

3) ________________

____

4) ________________

____

5) ________________

____

4. 보기 와 같이 쓰세요.

보기 감기에 걸렸으니까 아이스크림을 먹지 마세요.
술을 마시지 마십시오.

1) 날씨가 안 좋으니까 ______________________.
______________________.

2) 시간이 없으니까 ______________________.
______________________.

3) 배가 아프니까 ______________________.
______________________.

4) 다이어트를 하니까 ______________________.
______________________.

5) 길이 복잡하니까 ______________________.
______________________.

6) 밤에는 위험하니까 ______________________.
______________________.

5. 무엇을 해야 해요? 보기 와 같이 쓰세요.

V-아야/어야 하다

> 보기 내일 시험이 있어요.
> 그래서 공부를 해야 해요.

1) 늦게 일어나서 아침 식사를 못했어요.

그래서 ______________________.

2) 요즘 일이 많아서 피곤해요.

그래서 ______________________.

3) 이번 주말에 산에 갈 거예요.

그래서 ______________________.

4) 감기에 걸려서 열이 많이 나요.

그래서 ______________________.

5) 내일 기숙사에서 생일 파티가 있어요.

그래서 ______________________.

6) 이번 주에 고향에서 부모님이 오세요.

그래서 ______________________.

7) 내일 우리 집에 손님이 와요.

그래서 ______________________.

8) 다음 달에 동생이 독일로 유학을 가요.

그래서 ______________________.

9) 지금 교통이 복잡해요.

그래서 ______________________.

6. 보기 와 같이 쓰세요.

N은/는

보기 (영어 ○, 일본어 ×)
영어는 할 수 있지만 일본어는 못해요.

1) (오토바이 ○, 자동차 ×)

______________________________.

2) (포도 ○, 바나나 ×)

______________________________.

3) (바다 ○, 산 ×)

______________________________.

4) (빨래 ○, 요리 ×)

______________________________.

5) (만화책 ○, 컴퓨터 게임 ×)

______________________________.

7. 보기 와 같이 쓰세요.

보기 (기침도, 감기에, 해요, 열도, 걸려서, 나고)
→ 감기에 걸려서 열도 나고 기침도 해요.

1) (하루에, 이 약은, 해요, 두 번, 먹어야)

→ ______________________________.

2) (만나서, 같이, 선생님을, 했어요, 점심 식사를, 시내에서)

→ ______________________________.

3) (마시지 마세요, 열이, 술을, 나니까)

→ ______________________________.

말하기

1. 보기 와 같이 친구와 이야기해 보세요.

질문	나	친구
밥을 하루에 몇 번 드세요?	세 번	두 번
일주일에 책을 몇 권 읽으세요?		
한국어를 하루에 몇 시간 공부하세요?		
일주일에 운동을 몇 번 하세요?		
한 달에 몇 번 쇼핑하세요?		
일 년에 고향에 몇 번 가세요?		

보기

가 : 저는 하루에 밥을 세 번 먹어요.
상우 씨는 하루에 몇 번 드세요?
나 : 저는 하루에 밥을 두 번 먹어요.

2. 감기에 걸렸어요. 어떻게 해야 해요?

① 약을 먹어야 해요.

② 병원에 가야 해요.

③ ______________________.

④ ______________________.

⑤ ______________________.

조금 더 공부해요

병원

치과

안과

내과

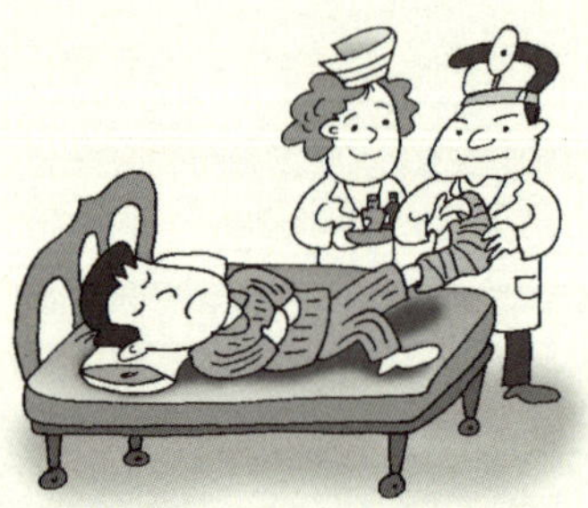

정형외과

피부과

메 모

19과 시간이 있으면 같이 가요

1. 보기 에서 알맞은 말을 골라 쓰세요.

보기 혼자 아마 다시 어느

1) 김밥을 만들었어요. 그런데 너무 맛이 없어서 ________ 만들어야 해요.

2) 가 : 대구에서 제주도까지 비행기로 얼마나 걸려요?
   나 : ____________ 45분쯤 걸릴 거예요.

3) 지난 주말에 부모님이 고향에 가셨어요. 그래서 ___________ 집에 있었어요.

4) 가 : 화장실에 가고 싶어요. __________ 쪽으로 가야 해요?
   나 : 이쪽으로 가세요.

2. 보기 에서 알맞은 말을 골라 쓰세요.

보기 그러면 그런데

1) 가 : 요즘 일이 많아서 피곤해요.
   나 : ______________ 오늘은 집에서 좀 쉬세요.

2) 만나서 반가워요. ______________ 나이가 어떻게 되세요?

3) 머리가 참 예뻐요. ______________ 그 머리 어디에서 했어요?

4) 이쪽으로 가세요. ______________ 은행이 있어요.

5) 주말에 등산을 했어요. ______________ 혼자 등산해서 심심했어요.

6) 어제 수업이 없었어요. ______________ 학교에 왔어요.

3. 보기 와 같이 하세요.

S-(으)면 S

보기	눈이 아프면 •	• 쉬세요.
	1) 돈이 있으면 •	• 안과에 가세요.
	2) 피곤하면 •	• 친구와 함께 하세요.
	3) 숙제가 어려우면 •	• 여행을 하고 싶어요.
	4) 더우면 •	• 샤워하세요.

4. 보기 와 같이 쓰세요.

보기 운동화가 비싸지 않아요. 그러면 운동화를 사고 싶어요.
→ 운동화가 비싸지 않으면 사고 싶어요.

1) 비가 와요. 그러면 집에서 텔레비전을 볼 거예요.
→ ______________________.

2) 시간이 있어요? 그러면 우리 같이 시내에 구경을 갈까요?
→ ______________________.

3) 지금 학교에 가요. 그러면 학교에 선생님이 계세요.
→ ______________________.

4) 이가 아파요. 그러면 치과에 가야 해요.
→ ______________________.

5) 여기로 가세요. 그러면 체육관이 있어요.
→ ______________________.

6) 초콜릿을 먹어요. 그러면 기분이 좋아요.
→ ______________________.

5. 보기 와 같이 쓰세요.

보기 가 : 기분이 좋으면 뭐 해요?
나 : 저는 기분이 좋으면 노래를 해요.

1) 가 : 주말에 심심하면 뭐 해요?
나 : ______________________________.

2) 가 : 친구를 만나면 뭐 해요?
나 : ______________________________.

3) 가 : 날씨가 더우면 무엇을 먹어요?
나 : ______________________________.

4) 가 : 고향에서 친구가 오면 어디에 갈 거예요?
나 : ______________________________.

5) 가 : 시간이 있으면 뭐 하고 싶어요?
나 : ______________________________.

6. 보기 와 같이 쓰세요.

보기 가 : 이 피자가 정말 맛있어요.
나 : 맛있으면 많이 드세요.

1) 가 : 어제 잠을 못 자서 피곤해요.
나 : ______________________________.

2) 가 : 이 문법이 어려워요.
나 : ______________________________.

3) 가 : 감기에 걸려서 머리가 아파요.
나 : ______________________________.

4) 가 : 밖이 시끄러워요.
나 : ______________________________.

7. 보기 와 같이 쓰세요.

보기 가 : 언제 택시를 타요?
나 : 시간이 없으면 택시를 타요.

1) 가 : 언제 고향에 갈 거예요?
나 : ______________________________.

2) 가 : 언제 기분이 좋아요?
나 : ______________________________.

3) 가 : 언제 시간이 있어요?
나 : ______________________________.

4) 가 : 언제 부모님을 만나고 싶어요?
나 : ______________________________.

5) 가 : 언제 춤을 추고 싶어요?
나 : ______________________________.

8. 보기 와 같이 쓰세요.

A/V-(으)ㄹ 거예요

보기 지금 왕단 씨는 아마 집에서 숙제를 할 거예요.(숙제를 하다)

1) 학교에서 시내까지 ______________________________.(20분쯤 걸리다)

2) 이번 시험은 아마 ______________________________.(어렵다)

3) 주말에는 백화점에 사람들이 ______________________________.(많다)

4) 편지를 쓰면 부모님이 ______________________________.(좋아하다)

5) 친구와 같이 기숙사에서 살면 ______________________________.(재미있다)

9. 보기 와 같이 쓰세요.

보기 이 식당에 사람이 많아요.
아마 이 식당 음식이 맛있을 거예요.

1) 날씨가 흐리고 바람이 불어요.

______________________________.

2) 선생님이 사무실에 안 계세요.

______________________________.

3) 우리 어머니가 매일 내 방을 청소하세요.

______________________________.

4) 여자 친구에게 이 가방을 선물하려고 해요.

______________________________.

10. 보기 와 같이 쓰세요.

보기 가 : 왕단 씨는 오후에 뭐 해요?
나 : 아마 도서관에서 영화를 볼 거예요.

1) 가 : 내일 날씨가 어때요?
나 : 아마 ______________________________.

2) 가 : 동생은 지금 집에서 뭐 해요?
나 : 아마 ______________________________.

3) 가 : 이번 시험이 어려워요?
나 : 네, 아마 ______________________________.

4) 가 : 그 영화가 무서워요?
나 : 아니요, 아마 ______________________________.

말하기

♠ **어떻게 해요? 친구와 이야기해 보세요.**

1) 심심해요. 어떻게 해요?

- 친구를 만나서 이야기하면 재미있을 거예요.
- ____________________
- ____________________
- ____________________

2) 노래를 잘하고 싶어요. 어떻게 해요?

- 노래를 많이 하면 잘할 수 있을 거예요.
- ____________________
- ____________________
- ____________________

3) 다이어트 하고 싶어요. 어떻게 해요?

- 운동을 하면 다이어트를 할 수 있어요.
-
-
-

4) 기분이 안 좋아요. 어떻게 해요?

- 초콜릿을 먹으면 기분이 좋을 거예요.
-
-
-

쓰 기

♠ 보기 와 같이 쓰세요.

보기

직원 : 안녕하세요? 어떻게 오셨어요?
학생 : 프랑스어를 배우고 싶어서 왔어요.
직원 : 프랑스어를 처음 배워요?
학생 : 아니요, 그래서 중급반에서 공부하고 싶어요.
직원 : 중급반 수업은 오전반과 오후반이 있어요.
학생 : 주말반도 있어요?
직원 : 네, 토요일 오전 9시부터 1시까지 수업이 있어요.

직원 : 안녕하세요? ______________________________?

학생 : ____________ 을/를 배우고 싶어서 왔어요.

직원 : ____________ 을/를 처음 배워요?

학생 : ____________, 그래서 ______________________ 고 싶어요.

직원 : ____________ 수업은 ______________________________.

학생 : ____?

직원 : ____.

메 모

20과 요리 책을 보고 있어요

1. 보기 에서 알맞은 말을 골라 쓰세요.

보기 초대하다 받다 준비하다 닫다

1) 고향 음식을 많이 만들었어요. 그래서 우리 반 친구들을 ________고 싶어요.

2) 이번 주말에 산에 갈 거예요. 운동화와 물을 ________(으)세요.

3) 시끄러워요? 그러면 문을 ________(으)세요.

4) 이번 달 용돈을 ________(으)면 구두를 살 거예요.

2. 보기 와 같이 쓰세요. V-고 있다

보기 가 : 뭐 하고 있어요?
나 : (춤, 추다) 춤을 추고 있어요.

1) 가 : 뭐 하고 있어요?
나 : (공원, 산책하다) ________________________.

2) 가 : 뭐 하고 있어요?
나 : (생일 파티, 준비하다) ________________________.

3) 가 : 뭐 하고 있어요?
나 : (친구, 도와주다) ________________________.

4) 가 : 뭐 하고 있어요?
나 : (쌀국수, 만들다) ________________________.

3. 그림을 보고 쓰세요.

1) 아버지는 신문을 읽고 계세요.

2) 딸은 ____.

3) 어머니는 ____.

4) 할아버지는 ____.

5) 아들은 ____.

6) 할머니는 ____.

7) 고양이는 ____.

4. 보기 와 같이 쓰세요.

V-(으)면서

보기

전화하면서 밥을 먹어요.

1) ______________________________.

2) ______________________________.

3) ______________________________.

4) ______________________________.

5) ______________________________.

5. 보기 와 같이 쓰세요.

보기 가 : 아버지는 지금 뭐 하세요?
나 : (신문 읽다, 차 마시다) 신문을 읽으시면서 차를 드시고 계세요.

1) 가 : 어머니는 지금 뭐 하세요?
나 : (노래하다, 설거지 하다) ______________________.

2) 가 : 할아버지는 지금 뭐 하세요?
나 : (친구와 이야기하다, 산책하다) ______________________.

3) 가 : 선생님은 지금 뭐 하세요?
나 : (팝콘을 먹다, 영화를 보다) ______________________.

4) 가 : 사장님은 지금 뭐 하세요?
나 : (전화하다, 일하다) ______________________.

6. 보기 에서 알맞은 말을 골라 쓰세요.

'ㄷ' 불규칙

보기 듣다 묻다 걷다 받다 닫다

1) 커피숍에서 차도 마시고 음악도 __________(으)면서 이야기했어요.

2) 기숙사에서 매점까지 __________아서/어서 20분쯤 걸릴 거예요.

3) 어려우면 수업 시간에 선생님께 __________(으)세요.

4) 추우면 문을 __________(으)ㄹ까요?

5) 부모님께 전자 사전을 __________아서/어서 기분이 좋아요.

7. 보기 와 같이 쓰세요.

보기 친구에게 전화번호를 물었어요. (묻다)

1) 이 문제가 ______________(으)니까 좀 가르쳐 주세요. (어렵다)

2) 저 옷이 ______________(으)니까 저 옷을 사세요. (예쁘다)

3) 집에서 학교까지 ______________아서/어서 다리가 ______________아요/어요. (걷다, 아프다)

4) 떡볶이가 ______________아서/어서 물을 많이 마셨어요. (맵다)

5) 추우니까 문을 ______________(으)ㄹ까요? (닫다)

6) 이번 주에는 일이 많아서 ______________아요/어요. (바쁘다)

7) 그 식당이 ______________(으)니까 거기에서 밥 먹어요. (가깝다)

8. 쓰세요.

	-(스)ㅂ니다	-아요/어요	-(으)ㄹ까요?	-아/어서	-(으)면서
듣다	듣습니다				
묻다					
걷다					
받다					받으면서
닫다					

쓰 기

1. 집에 손님을 초대할 거예요. 어떻게 할 거예요? 쓰세요.

	보기 나	
언제 초대할 거예요?	다음 주말	
누구를 초대할 거예요?	고향 친구들	
무엇을 준비할 거예요?		
음식	쌀국수, 김밥	
과일	딸기, 바나나	
음료수	커피, 맥주	
기타	베트남 음악, 게임	

보기 나는 다음 주말에 어학당 친구들을 집에 초대할 거예요. 나는 쌀국수와 김밥을 만들 거예요. 그리고 딸기와 바나나를 준비할 거예요. 맥주와 커피도 준비할 거예요. 나는 친구들과 같이 베트남 음악을 들으면서 음식을 먹고 게임도 하고 싶어요.

2. 보기 와 같이 쓰세요.

보기

가 : 학교에 갈 거예요. 무엇을 준비해요?

나 : 책과 숙제를 준비해요.

1) 세계 여행을 갈 거예요. 무엇을 준비해요?

- 모자와 운동화를 준비해요.
- ______________________________.
- ______________________________.

2) 생일 파티를 할 거예요. 무엇을 준비해요?

- 케이크를 준비해요.
- ______________________________.
- ______________________________.

3) 떡볶이를 만들 거예요. 무엇을 준비해요?

- ______________________________.
- ______________________________.
- ______________________________.

4) 수영장에 갈 거예요. 무엇을 준비해요?

- ______________________________.
- ______________________________.
- ______________________________.

메 모

정답

1과

1.
회사원, 요리사, 경찰, 간호사, 의사

2.
영국, 호주, 일본, 베트남, 중국

3.
1) 뭘요
2) 만나서 반가워요
3) 괜찮아요
4) 안녕히 가세요

4.
1) 제니퍼예요
2) 캐나다 사람이에요
3) 러시아예요
4) 미국이에요
5) 팀이에요
6) 학생이에요
7) 독일 사람이에요
8) 가수예요
9) 소영이에요
10) 경찰이에요
11) 투이예요
12) 회사원이에요
13) 요리사예요

5.
1) 은 / 선생님은 호주 사람이에요
2) 는 / 제니퍼는 미국 사람이에요
3) 은 / 왕단은 중국 사람이에요
4) 는 / 아사코는 일본 사람이에요
5) 는 / 투이는 베트남 사람이에요

6.
1) 네, 차예요
2) 아니요, 베트남 사람이에요
3) 아니요, 우산이에요
4) 아니요, 기차예요
5) 아니요, 공책이에요

7.
1) 이에요 / 아니요, 저는 호주 사람이에요
2) 이에요 / 네, 저는 선생님이에요
3) 이에요 / 네, 책상이에요
4) 예요 / 아니요, 저는 회사원이에요
5) 이에요 / 아니요, 저는 호주 사람이에요

2과

1.
❷ 시계 ❸ 책 ❹ 연필 ❺ 지우개
❻ 공책 ❼ 가방 ❽ 의자 ❾ 책상
❿ 컴퓨터

2.
우유, 콜라, 물, 주스, 커피

3.
1) 오렌지
2) 바나나
3) 포도
4) 파인애플
5) 딸기
6) 토마토
7) 수박

4.
1) 이건 공책이에요
2) 이건 연필이에요
3) 이건 지우개예요
4) 이건 사전이에요

1) 그건 공책이에요
2) 그건 연필이에요
3) 그건 지우개예요
4) 그건 사전이에요

1) 저건 시계예요
2) 저건 컴퓨터예요
3) 저건 의자예요
4) 저건 칠판이에요

5.
1) 그건 / 아니요, 이건 침대예요
2) 이건 / 네, 이건 맥주예요
3) 저건 / 저건 꽃이에요
4) 그건 / 네, 이건 가방이에요
5) 이건 / 그건 연필이에요

6.
1) 그건 / 아니요, 이건 바나나가 아니에요. 이건 사과예요
2) 저건 / 아니요, 저건 물이 아니에요. 저건 우유예요
3) 이건 / 아니요, 그건 사전이 아니에요. 그건 공책이에요
4) 저건 / 아니요, 저건 연필이 아니에요. 저건 지우개예요
5) 저건 / 아니요, 저건 칠판이 아니에요. 저건 시계예요

3과

1.
도서관, 식당, 커피숍, 교실, 집

2.
보다, 운동하다, 먹다, 읽다, 목욕하다

3.
1) 먹다 / -어요 / 먹어요
2) 보다 / -아요 / 봐요
3) 마시다 / -어요 / 마셔요
4) 전화하다 / -해요 / 전화해요
5) 일하다 / -해요 / 일해요

4.
1) 를 2) 을 3) 을 4) 를 5) 를
6) 을 7) 을 8) 를 9) 를

5.
물을 마셔요 / 샤워를 해요 / 일을 해요 / 전화를 해요 / 사과를 먹어요

6.
1) 커피숍에서 오렌지 주스를 마셔요
2) 교실에서 한국어를 배워요
3) 회사에서 일해요
4) 도서관에서 책을 읽어요

7.
1) 도서관에서 책을 읽어요
2) 기숙사에서 텔레비전을 봐요
3) 집에서 커피를 마셔요

8.
1) 도 베트남 사람이에요
2) 도 공부해요
3) 도 우유를 마셔요
4) 도 읽어요
5) 도 기숙사에서 잠을 자요

9.
1) 잠을 자요
2) 한국어를 공부해요
3) 밥을 먹어요
4) 커피를 마셔요

4과

1.
백화점, 영화관, 우체국, 학교, 시장, 공원, 은행

2.
시계를 사요, 양말을 사요, 가방을 사요, 구두를 사요, 옷을 사요

3.
1) 우체국에 가요 / 제니퍼 씨는 은행에 가요
2) 회사에 와요 / 소영 씨는 회사에 와요
3) 시장에 가요 / 상우 씨는 시내에 가요
4) 한국에 와요 / 왕단 씨는 한국에 와요

4.
1) 학교에 가요
2) 운동장에 가요
3) 영화관에 가요
4) 서점에 가요
5) 공원에 가요
6) 문구점에 가요

5.
1) 티셔츠를 사요 / 티셔츠를 안 사요
2) 컴퓨터를 해요 / 컴퓨터를 안 해요

3) 베트남에 가요 / 베트남에 안 가요
4) 운동을 해요 / 운동을 안 해요
5) 일본어를 가르쳐요 / 일본어를 안 가르쳐요
6) 학교에 와요 / 학교에 안 와요

6.
1) 영화관에서 영화를 안 봐요 / 집에서 텔레비전을 봐요
2) 호주에 안 가요 / 미국에 가요
3) 백화점에서 친구를 안 만나요 / 놀이공원에서 친구를 만나요
4) 슈퍼마켓에서 아이스크림을 안 사요 빵을 사요
5) 회사에서 일을 안 해요 / 집에서 목욕해요
6) 도서관에서 책을 안 읽어요 전화해요
7) 치마를 안 사요 / 바지를 사요

7.
1) 햄버거를 먹어요. 그리고 피자를 먹어요
2) 토마토를 사요. 그리고 바나나를 사요
3) 이사를 해요. 그리고 친구를 만나요
4) 피아노를 배워요. 그리고 태권도를 배워요

5과

1.
봄, 여름, 가을, 겨울

2.
높다, 비싸다, 맛없다, 낮다, 싸다
무겁다, 춥다, 쉽다, 가볍다, 덥다
어렵다

3.
1) 이 2) 가 3) 이 4) 가

4.
1) 바지가 짧아요
2) 모자가 싸요
3) 시장이 멀어요
4) 방이 좁아요

5.
1) 무슨 운동을
2) 무슨 책을
3) 무슨 음료수를
4) 무슨 계절을
5) 무슨 음식을
6) 무슨 과일을

6.
무거워요, 더러워요, 차가워요,
가벼워요, 추워요, 가까워요, 쉬워요,
뜨거워요
더워요, 어두워요, 어려워요, 좁아요
입어요

7.
1) 커피가 뜨거워요 / 뜨거워요
2) 날씨가 추워요 / 안 추워요
3) 물이 차가워요 / 차가워요
4) 우체국이 가까워요 / 안 가까워요
5) 방이 좁아요 / 좁아요
6) 텔레비전이 무거워요 / 안 무거워요
7) 교실이 어두워요 / 어두워요
8) 화장실이 더러워요 / 안 더러워요

6과

1.
이야기해요, 수영해요, 노래해요
쇼핑해요, 빨래해요

2.
1) 찍다 / 사진을 찍어요
2) 그리다 / 그림을 그려요
3) 추다 / 춤을 춰요
4) 하다 / 산책을 해요
5) 보다 / 텔레비전을 봐요

3.
게임이 재미있어요 / 운동이 재미없어요
한국어 공부가 재미있어요 / 수영이 재미없어요
요리가 재미있어요 / 빨래가 재미없어요
쇼핑이 재미있어요 / 이야기가 재미없어요
텔레비전이 재미있어요 / 노래가 재미없어요

4.
1) 크고 무거워요
2) 맑고 따뜻해요
3) 쉽고 재미있어요
4) 싸고 맛있어요
5) 넓고 깨끗해요
6) 싸다, 맛있다 / 싸고 맛있어요
7) 춥다, 눈이 오다 / 춥고 눈이 와요

5.
1) 나는 도서관에 가고 친구는 우체국에 가요
2) 선생님은 한국어를 가르치고 학생들은 한국어를 배워요
3) 상우 씨는 김밥을 먹고 투이 씨는 햄버거를 먹어요
4) 아사코 씨는 청소하고 왕단 씨는 빨래해요
5) 저는 텔레비전을 보고 투이 씨는 전화해요
6) 제니퍼 씨는 교실에서 이야기하고 팀 씨는 교실에서 잠을 자요
7) 나는 공원에서 산책하고 친구는 공원에서 사진을 찍어요

6.
1) 상우 씨는 선생님입니까
상우 씨는 선생님이 아닙니다
상우 씨는 학생입니다
2) 저것은 구두입니까
저것은 구두가 아닙니다
저것은 운동화입니다
3) 지금은 여름입니까?
지금은 여름이 아닙니다
지금은 가을입니다
4) 티누 씨는 일본 사람입니까
티누 씨는 일본 사람이 아닙니다
티누 씨는 베트남 사람입니다

7.
1) 좋아합니까 / 안 좋아합니다 / 좋아합니다
2) 어떻습니까 / 좋습니다
3) 축구합니까 / 축구 안 합니다 / 농구합니다
4) 운동합니까 / 운동 안 합니다 / 산책합니다
5) 먹습니까 / 안 먹습니다 / 먹습니다
6) 공부합니까 / 공부 안 합니다 / 그림을 그립니다
7) 많습니까 / 많습니다
8) 재미있습니까 / 재미없습니다

7과

1.
이, 삼, 사, 오, 육, 칠, 팔, 구, 십
이십오, 칠십, 삼백사십칠, 사백육,
오천육백이십, 천구백사십,
육만 팔천구백십오, 팔만 오백구

2.
의자 아래, 의자 앞, 의자 뒤, 의자 옆,
집 안, 집 밖

3.
1) 책상 위에 있어요
2) 우체국 옆에 있어요
3) 의자 아래에 있어요
4) 바다 위에 있어요
5) 집 앞에 있어요
6) 식당 뒤에 있어요

4.
1) 운동장에 없어요. 교실 안에 있어요
2) 책상 위에 볼펜이 없어요. 필통 안에 있어요
3) 옷장 안에 없어요. 침대 위에 있어요
4) 세탁소 뒤에 없어요. 약국 뒤에

있어요
5.
1) 책상 위에 있어요
2) 아니요, 가방 안에 책이 있어요
3) 전화가 의자 위에 있어요
4) 서점 옆에 슈퍼마켓이 있어요
5) 제니퍼 씨가 어디에 있어요
상우 씨 앞에 있어요
6.
1) 중국과 일본에 가요 / 중국하고 일본에 가요
2) 시계와 사진이 있어요 / 시계하고 사진이 있어요
3) 피자와 콜라를 먹어요 / 피자하고 콜라를 먹어요
4) 바지와 양말을 사요 / 바지하고 양말을 사요
5) 골프와 야구를 해요 / 골프하고 야구를 해요
6) 커피숍과 우체국이 있어요 / 커피숍하고 우체국이 있어요
7) 녹차와 커피를 좋아해요 / 녹차하고 커피를 좋아해요
7.
1) 책상 위에는 컴퓨터하고 마우스가 있어요. 그리고 키보드도 있어요
2) 냉장고 안에는 사과하고 우유가 있어요. 그리고 콜라하고 주스가 있어요
3) 침대 위에는 신문하고 베개가 있어요
4) 옷장 안에는 바지가 있어요
5) 가방 안에는 책과 연필이 있어요
8.
1) 팀 씨의 방은 2층에 있어요
2) 상우 씨의 방은 1층에 있어요
3) 이건 제니퍼의 구두예요
4) 이건 나의 지우개예요
9.
1) 티누 씨의 거울은 어디에 있어요
창문 옆에 있어요
2) 아사코 씨의 치마는 어디에 있어요
옷장 안에 있어요
3) 내 구두는 어디에 있어요
의자 위에 있어요
4) 제니퍼 씨의 선풍기는 어디에 있어요
책상 옆에 있어요
5) 투이 씨의 집은 어디에 있어요
학교 앞에 있어요

8과

1.
1) 천구백팔십오년 오월 이십사일
2) 이천십년 십일월 십팔일
3) 천구백팔십일년 이월 사일
4) 이천이년 유월 이십오일
5) 천구백사십오년 팔월 십오일
6) 이천십칠년 시월 십일
7) 이천십일년 구월 사일
8) 천구백구십구년 십이월 삼십일일
2.
1) 언제예요
2) 언제예요
3) 어디예요
4) 뭐예요
5) 언제예요
3.
1) 몇 월 며칠이에요 / 유월 이십사일이에요
2) 몇 월 며칠이에요 / 십일월 십칠일이에요
3) 몇 월 며칠이에요 / 구월 십일일이에요
4) 몇 월 며칠이에요 / 십이월 이십일이에요
5) 몇 월 며칠이에요 / 이월 십팔일이에요
4.
1) 몇 층에 있어요 / 2층에 있어요
2) 몇 층에 있어요 / 4층에 있어요
3) 몇 층에 있어요 / 1층에 있어요
2) 몇 층에 있어요 / 3층에 있어요
5.
1) 유월 오일에 우체국에 가요
2) 유월 십일일에 쇼핑해요
3) 유월 십오일에 받아쓰기를 해요
4) 유월 십육일에 수영해요
5) 유월 이십일에 서점에 가요
6) 유월 이십일일에 영화를 봐요
7) 유월 이십육일에 생일파티를 해요
8) 유월 삼십일일에 서울에 가요
6.
1) 화요일과 목요일에 도서관에 가요
2) 금요일에 한국어 시험이 있어요
3) 토요일에 수영장 가고 아르바이트를 해요
4) 일요일에 시장에 가고 아르바이트를 해요
7.
1) 제니퍼는 친구와 함께 교실을 청소해요
2) 나는 이번 주말에 왕단과 같이 부산에가요
3) 팀은 이번 주 토요일에 친구들하고 같이 기숙사에서 파티해요
4) 티누는 오늘 투이하고 함께 도서관에서 공부해요

9과

1.
둘, 셋, 넷, 다섯, 여섯, 일곱, 여덟, 아홉, 열, 열하나, 열둘, 열셋, 열넷, 열다섯, 열여섯, 열일곱, 열여덟, 열아홉, 스물
2.
1) 점심
2) 시험
3) 유학생
4) 태권도
5) 매일
6) 방학
3.
1) 두 시
2) 세 시
3) 네 시
4) 다섯 시
5) 여섯 시
6) 일곱 시
7) 여덟 시
8) 아홉 시
9) 열 시
10) 열한 시
11) 열두 시
4.
1) 세 시 오 분
2) 한 시 반 / 한 시 삼십 분
3) 열한 시 사십오 분
4) 다섯 시 오 분
5) 다섯 시 이십 분
6) 한 시 삼십오 분
5.
1) 몇 시에 수영해요 / 열한 시에 수영해요
2) 몇 시에 생일파티가 끝나요 / 열 시 오십 분에 끝나요
3) 몇 시에 잠을 자요 / 열두 시 삼십 분에 잠을 자요
4) 몇 시에 도서관에 가요 / 세 시 십 분에 도서관에 가요
6.
1) 손을 씻어요 / 밥을 먹어요 / 손을 씻고 밥을 먹어요
2) 청소해요 / 친구를 만나요 / 청소하고 친구를 만나요
3) 샤워해요 / 잠을 자요 / 샤워하고 잠을 자요
4) 밥을 먹어요 / 설거지를 해요 / 밥을 먹고 설거지를 해요
7.
1) 피아노를 치고 텔레비전을 봐요
2) 청소를 하고 우체국에 가요
3) 도서관에서 시험공부를 하고

기숙사에 가요
4) 친구와 함께 커피를 마시고 쇼핑해요
5) 쇼핑하고 밥을 먹어요

8.
1) 오전 여덟 시부터 오후 두 시까지
2) 일월 오일부터 삼월 삼일까지
3) 이천십년부터 이천십오년까지
4) 화요일부터 토요일까지

9.
1) 수요일까지 시험이 있어요
2) 칠월부터 여름 방학이에요
3) 열두 시 삼십 분부터 한 시 삼십 분까지 점심 시간이에요
4) 아니요, 오전 아홉 시부터 오후 한 시까지 수업이 있어요
5) 시월 칠일부터 시월 십이일까지 여행을 가요

10과

1.
1) 좋아요
2) 좋아해요
3) 좋아해요
4) 좋아요
5) 좋아해요 / 좋아해요
6) 좋아해요? / 저는 장미를 좋아해요
7) 싫어해요 / 저는 시험을 싫어해요

2.
1) 그리고
2) 그렇지만
3) 그렇지만
4) 그리고
5) 그리고
6) 그렇지만

3.
1) ㉢ 사과는 없어요. 그렇지만 포도는 있어요 / 사과는 없지만 포도는 있어요
2) ㉠ 오늘은 태권도 수업이 있어요. 그렇지만 내일은 태권도 수업이 없어요 / 오늘은 태권도 수업이 있지만 내일은 없어요
3) ㉦ 서울은 날씨가 맑아요. 그렇지만 대구는 날씨가 흐려요 / 서울은 날씨가 맑지만 대구는 날씨가 흐려요
4) ㉡ 내 동생은 운동을 좋아해요. 그렇지만 나는 운동을 싫어해요 / 내 동생은 운동을 좋아하지만 나는 운동을 싫어해요
5) ㉣ 한국 사람들은 생일에 미역국을 먹어요. 그렇지만 중국 사람들은 생일에 국수를 먹어요 / 한국 사람들은 생일에 미역국을 먹지만 중국 사람들은 국수를 먹어요
6) ㉥ 기숙사에 컴퓨터실이 있어요. 그렇지만 기숙사에 휴게실이 없어요 / 기숙사에 컴퓨터실이 있지만 휴게실이 없어요

4.
1) 공부를 하지 않아요 / 잠을 자요
2) 책을 읽지 않아요 / 노래를 해요
3) 싸지 않아요 / 비싸요
4) 청소를 하지 않아요 / 빨래해요
5) 가방이 가볍지 않아요 / 무거워요

5.
1) 주말에 영화관에 갔어요 / 주말에 영화관에 갔습니다
2) 공원에서 사진을 찍었어요 / 공원에서 사진을 찍었습니다
3) 학교 식당 음식이 싸고 맛있었어요 / 학교 식당 음식이 싸고 맛있었습니다
4) 소영 씨는 운동을 좋아하지 않았어요 / 소영 씨는 운동을 좋아하지 않았습니다
5) 팀 씨는 주말에 백화점에서 아르바이트를 했어요 / 팀 씨는 주말에 백화점에서 아르바이트를 했습니다

6.
1) 아니요, 집에서 한국어를 공부 안 했어요 / 쉬었어요
2) 아니요, 운동장에서 친구들과 함께 축구 안 했어요 / 농구했어요
3) 아니요, 어제 날씨가 안 좋았어요 / 비가 오고 추웠어요
4) 아니요, 주말에 청소 안 했어요 / 빨래했어요
5) 아니요, 생일 파티에서 춤을 안 췄어요 / 생일 축하 노래했어요
6) 아니요, 어제 10시에 잠을 안 잤어요 / 11시에 잠을 잤어요

11과

1.
1) 께
2) 계시다
3) 연세
4) 진지
5) 성함
6) 주무시다
7) 드시다
8) 성함이 어떻게 되세요?
9) 연세가 어떻게 되세요?

2.
1) 선물을 샀어요
2) 여행을 가요
3) 운동을 안 해요
4) 날씨가 추워요
5) 도서관에 가요

3.
1) 에게
2) 께
3) 에게
4) 께
5) 에게

4.
1) 동생은 나에게 콜라를 줍니다 (주었습니다)
나는 동생에게 피자를 줍니다 (주었습니다)
2) 교수님은 상우에게 책을 주십니다 (주셨습니다)
상우는 교수님께 꽃을 드립니다 (드렸습니다)
3) 티누는 아사코에게 운동화를 줍니다 (주었습니다)
아사코는 티누에게 딸기를 줍니다 (주었습니다)
4) 아버지는 나에게 돈을 주십니다 (주셨습니다)
나는 아버지께 신문을 드립니다 (드렸습니다)

5.
1) 요리사이십니다
2) 경찰이십니다
3) 의사이십니다
4) 간호사이십니다

6.
읽으시다, 드시다, 전화하시다, 씻으시다
일어나시다, 닦으시다, 만나시다, 좋아하시다
오시다, 쉬시다, 감으시다, 받으시다
싫어하시다, 드시다, 주무시다, 청소하시다

7.
1) 텔레비전을 보십니다
2) 이를 닦으십니다
3) 지금 노래를 안 하십니다
4) 한국어를 가르치십니다
5) 빵을 드십니다
6) 지금 주무십니다

8.
1) 진지를 잡수셨습니다
2) 10시에 주무셨습니다
3) 회사에서 일하셨습니다
4) 쇼핑을 하셨습니다
5) 테니스를 치셨습니다
6) 등산을 하셨습니다

9.
1) 누구의 모자예요
2) 상우 씨는 누구를 좋아해요
3) 누가 왔어요
4) 누구세요
5) 누구와 함께 서울에 갔어요

10.
1) 아버지는 회사원이세요
2) 할아버지는 약사세요
3) 삼촌은 영어 선생님이세요
4) 이모는 가수세요

11.
1) 교실에서 노래하세요
2) 방에서 주무세요
3) 부엌에서 요리하세요
4) 아침을 드세요

12.
1) 오전 7시에 일어나셨어요
2) 공원에서 산책하셨어요
3) 어제 일본에 가셨어요
4) 불고기와 비빔밥을 드셨어요

13.
1) 계세요, 있어요
2) 가세요, 가세요
3) 사셨어요, 사셨어요
4) 보셨어요, 안 보셨어요
5) 드셨어요, 먹었어요
6) 좋아하세요, 좋아하세요
7) 주무셨어요, 잤어요
8) 가르치세요, 가르치세요
9) 가르치세요. 가르쳐요
10) 성함이 어떻게 되세요

12과

1.
1) 피곤해요
2) 물론이에요
3) 한테
4) 외국어

2.
1) 예쁩니다 (예뻐요)
2) 씁니다 (써요)
3) 고픕니다 (고파요)
4) 바쁩니다 (바빠요)
5) 아픕니다 (아파요)
6) 나쁩니다 (나빠요)

3.
1) 골프를 칠 수 있어요 / 골프를 칠 수 있어요
2) 테니스를 칠 수 있어요 / 테니스를 칠 수 있어요
3) 스키를 탈 수 있어요 / 스키를 탈 수 있어요
4) 춤을 출 수 있어요 / 춤을 출 수 있어요
5) 한국 신문을 읽을 수 있어요 / 한국 신문을 읽을 수 있어요

4.
1) 제니퍼 씨는 케이크를 만들 수 있어요
2) 제니퍼 씨는 태권도를 할 수 있어요
3) 제니퍼 씨는 운전할 수 있어요
4) 제니퍼 씨는 탁구를 칠 수 있어요

5.
1) 김밥을 못 만들어요
2) 피아노를 못 쳐요
3) 야구를 못해요
4) 술을 못 마셔요

7.
1) 수영장에 갈 수 없어요
2) 사진을 찍을 수 없어요
3) 담배를 피울 수 없어요
4) 축구할 수 없어요

8.
1) 책을 읽을 수 있어요
2) 갈 수 없어요 / 못 가요
3) 올 수 있어요
4) 운전할 수 없어요 / 운전 못해요
5) 만날 수 없어요 / 못 만나요

9.
1) 일이 많아서 영화를 볼 수 없어요
2) 내일 시험이 있어서 도서관에서 공부해요
3) 피곤해서 집에서 쉬어요
4) 매일 운동을 해서 몸이 건강해요
5) 부모님이 오셔서 지금 공항에 가요

10.
1) 어제 너무 시끄러워서 잠을 못 잤어요
2) 사과가 싸서 많이 샀습니다.
3) 음식이 아주 매워서 물을 많이 마셨어요
4) 오늘 학교에 안 가서 선생님이 전화하셨어요
5) 사무실에 선생님이 안 계셔서 못 만났어요

11.
1) 고향 친구를 만나서 기분이 좋아요
2) 음식이 맛없어서 식당에 안 가요
3) 점심을 많이 먹어서 저녁을 안 먹어요
4) 돈이 없어서 여행을 안 갔어요

12.
1) 써요
2) 나빠요
3) 기뻐요
4) 슬퍼요
5) 예뻐요
6) 고파요
7) 바빠요

13.
1) 영화가 슬퍼서 울었어요
2) 바빠서 갈 수 없어요
3) 이가 아파서 못 먹어요
4) 기분이 나빠서 술을 마셨어요

14.
1) 기뻤어요 / 기뻤습니다
2) 아팠어요 / 아팠습니다
3) 예뻤어요 / 예뻤습니다
4) 나빴어요 / 나빴습니다
5) 슬펐어요 / 슬펐습니다

13과

1.
1) 어제, 내일
2) 지난주/ 이번 주
3) 지난 달 / 다음 달
4) 작년 / 올해

2.
1) 구경했어요
2) 넓어요
3) 아름다웠어요
4) 보냈어요

3.
1) 께
2) 에게 / 한테
3) 께
4) 에게 / 한테

4.
1) 운동할 거예요
2) 시내에 갈 거예요
3) 나는 내일 태권도를 배울 거예요
4) 나는 내일 머리를 감을 거예요
5) 나는 내일 산책할 거예요
6) 나는 내일 친구를 만날 거예요

5.
1) 방학에 호주에 갈 거예요
2) 야구할 거예요
3) 투이 씨를 만날 거예요
4) 꽃과 책을 줄 거예요
5) 집에서 쉴 거예요
6) 옷을 드릴 거예요

6.
1) 친구를 만날 겁니다
2) 과일을 살 겁니다
3) 골프를 칠 겁니다
4) 나는 내일 김밥을 먹을 겁니다
5) 나는 내일 집에서 쉴 겁니다
6) 나는 내일 숙제를 할 겁니다

7.
1) 피아노를 배울 겁니다
2) 일본에 여행 갈 겁니다
3) 바다를 구경할 겁니다

4) 도서관에서 책을 읽을 겁니다
5) 시내에서 친구를 만날 겁니다
6) 방학에 뭘 하실 겁니까?

8.
1) 상우 씨는 지금 시내에 가서 친구를 만나요
2) 제니퍼 씨는 어제 시장에 가서 과일과 생선을 샀어요
3) 팀 씨는 식당에 가서 스파게티를 먹어요
4) 투이 씨는 주말에 아사코 씨 집에 가서 생일 파티를 했어요

9.
1) 공원에 가서 그림을 그려요
2) 어제 미용실에 가서 머리를 했어요
3) 내일 놀이공원에 가서 놀이 기구를 탈 거예요
4) 은행에 가서 돈을 찾아요
5) 주말에 백화점에 가서 구두와 바지를 샀어요
6) 다음 주말에 수영장에 가서 수영을 할 거예요
7) 오후에 문구점에 가서 볼펜과 공책을 살 거예요
8) 약국에 가서 감기약을 사요

10.
1) 어제 선생님을 만나서 차를 마셨어요
2) 다음 주에 상우 씨를 만나서 서울 시내를 구경해요
3) 김밥을 만들어서 김밥을 먹었어요
4) 선물을 사서 친구에게 줄 거예요
5) 편지를 써서 선생님께 보냈어요
6) 사진을 찍어서 가족들에게 줄 거예요
7) 아침 7시에 일어나서 운동했어요
8) 아버지는 매일 아침에 공원에 가서 산책을 하세요.

14과

1.
1) 도서관에서 숙제할까요?
2) 등산을 갈까요?
3) 맥주를 마실까요?
4) 기숙사에서 생일 파티를 할까요?

2.
1) (점심을) 먹읍시다
2) (사진을) 찍읍시다
3) 산책합시다
4) (커피를) 마십시다

3.
1) 노래해요
2) (테니스를) 쳐요
3) (식당에) 가요
4) (한국 요리를) 만들어요

4.
1) 같이 차를 마십시다 / 차를 마셔요
2) 같이 텔레비전을 봅시다 / 텔레비전을 봐요
3) 놀이공원에 갑시다 / 놀이공원에 가요
4) 태권도를 배웁시다 / 태권도를 배워요

5.
1) 무엇을 살까요?
과자를 사요.
우유도 삽시다
과일도 살까요?
2) 뭘 할까요?
같이 회를 먹어요
바다도 구경합시다
한라산에도 갈까요?
3) 뭘 할까요?
같이 산책해요
책도 읽읍시다
배드민턴도 칠까요?
4) 무엇을 할까요?
같이 부산에 가요
부산 시내 구경도 합시다
해운대에도 갈까요?

6.
1) 공책도 사고 연필도 사요
2) 청소도 하고 빨래도 했어요
3) 그림도 그리고 사진도 찍어요
4) 차도 마시고 밥도 먹어요 / 먹읍시다
5) 꽃도 드리고 책도 드렸어요

7.
1) 빵을 삽시다. 주스도 삽시다
빵도 사고 주스도 사요
2) 테니스를 칩시다. 영화도 봅시다
테니스도 치고 영화도 봐요
3) 쇼핑을 합시다. 서점에도 갑시다
쇼핑도 하고 서점에도 가요
4) 지우개를 삽시다. 공책도 삽시다
지우개도 사고 공책도 사요
5) 제주도에 갑시다. 서울에도 갑시다
제주도에도 가고 서울에도 갑시다

15과

1.
1) 공책 한 권
2) 버스 다섯 대
3) 종이 스무 장
4) 사과 두 개
5) 꽃 스물 다섯 송이
6) 커피 네 잔
7) 콜라 여덟 병
8) 생선 열 여섯 마리

2.
1) 세 송이에 얼마예요
이천 원이에요
2) 한 벌에 얼마예요
삼만 사천 원이에요
3) 한 대에 얼마예요
육십만 원이에요
4) 한 켤레에 얼마예요
오만 오천 원이에요
5) 두 마리에 얼마예요
삼천오백 원이에요
6) 오렌지 다섯 개에 천오백 원이에요
7) 네, 콜라 한 병에 육백오십 원이에요
8) 한국어 책 한 권에 얼마예요?
만 칠천 원이에요

3.
1) 읽으세요 / 읽으십시오
2) 쓰세요 / 쓰십시오
3) 청소하세요 / 청소하십시오
4) 드세요 / 드십시오
5) 앉으세요 / 앉으십시오
6) 찍으세요 / 찍으십시오

4.
1) 오세요 / 오십시오
2) 가세요 / 가십시오
3) 입으세요 / 입으십시오
4) 주세요 / 주십시오
5) 드세요 / 드십시오
6) 사세요 / 사십시오
7) 도와주세요 / 도와주십시오
8) 읽으세요 / 읽으십시오
9) 드세요 / 드십시오
10) 앉으세요 / 앉으십시오
11) 주무세요 / 주무십시오
12) 사세요 / 사십시오
13) 쓰세요 / 쓰십시오
14) 공부하세요 / 공부하십시오
15) 오세요 / 오십시오

5.
1) 컴퓨터 게임을 하고 싶어요
2) 음악을 듣고 싶어요
3) 바다에 가고 싶어요
4) 춤을 추고 싶어요
5) 요리를 하고 싶어요
6) 물을 마시고 싶어요

6.
1) 햄버거를 먹고 싶지 않아요
2) 노트북을 사고 싶어요

7
1) 더러우니까
2) 많으니까
3) 오니까

4) 바쁘니까
5) 복잡하니까
6) 좋아하니까
7) 자니까
8) 있으니까
9) 뜨거우니까

8.
1) 먹었으니까
2) 봤으니까
3) 했으니까
4) 먹었으니까

16과

1.
1) 비행기를 타요
2) KTX를 타요
3) 지하철을 타요
4) 배를 타요

2.
1) 두 시간 할 거예요
2) 한 판 먹을 수 있어요
3) 다섯 개 삽시다
4) 맥주 두 잔 마셨어요

3.
1) 어제 바빠서 못했어요
2) 옆집이 아주 시끄러워서 잠을 못 자요
3) 친구를 만나러 시내에 가요
4) 한국어를 공부하러 한국에 왔어요

4.
1) 백화점에 가서 뭘 할 거예요
2) 친구에게 무슨 선물을 줄 거예요
3) 무슨 과일을 샀어요
4) 재미있었어요

5.
1) 저는 캐나다에서 왔어요
2) 저는 서울에서 왔어요
3) 저는 미국에서 왔어요

6.
1) 여기에서 도서관까지 얼마나 걸려요
십오 분쯤 걸려요
2) 기숙사에서 학교까지 얼마나 걸려요
십 분쯤 걸려요
3) 한국에서 베트남까지 얼마나 걸려요
네 시간쯤 걸려요
4) 집에서 시장까지 얼마나 걸려요
삼십 분쯤 걸려요
5) 서울에서 부산까지 얼마나 걸려요
다섯 시간쯤 걸려요
6) 학교에서 시내까지 얼마나 걸려요
십 분쯤 걸려요

7.
1) 기차로 두 시간쯤 걸려요
2) 비행기로 열한 시간쯤 걸려요
3) 지하철로 이십 분쯤 걸려요
4) 버스로 십오 분쯤 걸려요
5) 택시로 삼십 분쯤 걸려요
6) 자전거로 십 분쯤 걸려요
7) 걸어서 십 분쯤 걸려요

17과

1.
1) 오른쪽으로 가세요
2) 똑바로 가세요
3) 길을 건너세요

2.
1) 타고 갑시다 / 타고 가세요
2) 죄송합니다
3) 기다리세요 / 기다립시다
4) 도와주세요
5) 피우세요

3.
1) 중국으로 가요
2) 서울로 가요
3) 부산으로 가요
4) 경주로 가요
5) 산으로 가요

4.
1) 로
2) 에서
3) 에서, 까지, 로
4) 까지
5) 로

5.
1) 스키장에 가서 스키를 타려고 해요
2) 빵과 우유를 먹으려고 해요
3) 부모님께 편지를 쓰려고 해요
4) 일본 음식을 만들려고 해요
5) 아버지께 드리려고 해요

6.
1) 수영장에 가려고 해요
2) 내일 가려고 해요
3) 놀려고 해요
4) 버스를 타고 가려고 해요

7.
1) 생일 파티를 하려고 해요
생일 축하 카드를 쓰려고 해요
2) 사진을 찍으려고 해요
배를 타려고 해요
3) 운동하려고 해요
열심히 공부하려고 해요

8.
1) 열어 주세요
2) 만들어 주세요
3) 노래해 주세요
4) 써 주세요
5) 조용히 해 주세요

9.
가르쳐 주세요
똑바로 가세요
오른쪽으로 가세요
왼쪽으로 가세요

10.
1) 생일 축하 카드를 써 주세요
2) 요리를 해 주세요 / 음식을 만들어 주세요
3) 사진을 찍어 주세요
4) 노래해 주세요
5) 피아노를 쳐 주세요

18과

1.
1) 하루
2) 새벽
3) 감기
4) 생활
5) 약
6) 식사
7) 목

2.
이틀, 사흘, 나흘, 닷새

3.
1) 쓰레기를 버리지 마세요
쓰레기를 버리지 마십시오
2) 오토바이를 타지 마세요
오토바이를 타지 마십시오
3) 수영하지 마세요
수영하지 마십시오
4) 주차하지 마세요
주차하지 마십시오
5) 좌회전하지 마세요
좌회전하지 마십시오

4.
1) 산에 가지 마세요
농구하지 마십시오
2) 커피를 마시지 마세요
버스를 타지 마십시오
3) 음식을 많이 먹지 마세요
술을 마시지 마십시오
4) 초콜릿을 먹지 마세요
밤에 먹지 마십시오
5) 택시를 타지 마세요
지금은 가지 마십시오
6) 혼자 가지 마세요
늦게 다니지 마십시오

5.
1) 지금 밥을 먹어야 해요
2) 좀 쉬어야 해요
3) 등산복을 준비해야 해요

4) 약을 먹어야 해요
5) 친구 생일 선물을 사야 해요
6) 공항에 가야 해요
7) 청소를 해야 해요
8) 함께 저녁 식사를 해야 해요
9) 지하철을 타야 해요

6.
1) 오토바이는 탈 수 있지만 자동차는 못 타요
2) 포도는 좋아하지만 바나나는 좋아하지 않아요
3) 바다에는 가지만 산에는 가지 않아요
4) 빨래는 할 수 있지만 요리는 못해요
5) 만화책은 좋아하지만 컴퓨터 게임은 좋아하지 않아요

7.
1) 이 약은 하루에 두 번 먹어야 해요
2) 시내에서 선생님을 만나서 같이 점심 식사를 했어요
3) 열이 나니까 술을 마시지 마세요

19과

1.
1) 다시
2) 아마
3) 혼자
4) 어느

2.
1) 그러면
2) 그런데
3) 그런데
4) 그러면
5) 그런데
6) 그런데

3.
1) 돈이 있으면 여행을 하고 싶어요
2) 피곤하면 쉬세요
3) 숙제가 어려우면 친구와 함께 하세요
4) 더우면 샤워하세요

4.
1) 비가 오면 집에서 텔레비전을 볼 거예요
2) 시간이 있으면 우리 같이 시내에 구경을 갈까요?
3) 지금 학교에 가면 선생님이 계세요
4) 이가 아프면 치과에 가야 해요
5) 여기로 가면 체육관이 있어요
6) 초콜릿을 먹으면 기분이 좋아요

5.
1) 저는 주말에 심심하면 만화책을 읽어요
2) 친구를 만나면 함께 영화를 봐요
3) 날씨가 더우면 수박하고 냉면을 먹어요
4) 고향에서 친구가 오면 부산에 갈 거예요
5) 시간이 있으면 피아노를 배우고 싶어요

6.
1) 피곤하면 쉬세요
2) 문법이 어려우면 선생님께 물어보세요
3) 머리가 아프면 이 약을 드세요
4) 밖이 시끄러우면 도서관에 가서 공부하세요

7.
1) 방학이 되면 고향에 갈 거예요
2) 친구를 만나면 기분이 좋아요
3) 시험이 끝나면 시간이 있어요
4) 혼자 있으면 부모님을 만나고 싶어요
5) 기분이 좋으면 춤을 추고 싶어요

8.
1) 20분쯤 걸릴 거예요
2) 어려울 거예요
3) 많을 거예요
4) 좋아할 거예요
5) 재미있을 거예요

9.
1) 아마 비가 올 거예요
2) 아마 수업하실 거예요
3) 아마 피곤하실 거예요
4) 아마 좋아할 거예요

10.
1) 맑을 거예요
2) 숙제할 거예요
3) 어려울 거예요
4) 무섭지 않을 거예요

20과

1.
1) 초대하고
2) 준비하세요
3) 닫으세요
4) 받으면

2.
1) 공원에서 산책하고 있어요
2) 생일 파티를 준비하고 있어요
3) 친구를 도와주고 있어요
4) 쌀국수를 만들고 있어요

3.
2) 설거지를 하고 있어요
3) 요리를 하고 계세요
4) 텔레비전을 보고 계세요
5) 컴퓨터를 하고 있어요
6) 차를 마시고 계세요
7) 잠을 자고 있어요

4.
1) 노래하면서 청소해요
2) 이야기하면서 커피를 마셔요
3) 텔레비전을 보면서 빵을 먹어요
4) 컴퓨터 하면서 전화해요
5) 술을 마시면서 노래해요

5.
1) 노래하시면서 설거지를 하고 계세요
2) 친구와 이야기하시면서 산책하고 계세요
3) 팝콘을 드시면서 영화를 보고 계세요
4) 전화하시면서 일하고 계세요

6.
1) 들으면서
2) 걸어서
3) 물어보세요
4) 닫을까요
5) 받아서

7.
1) 어려우니까
2) 예쁘니까
3) 걸어서, 아파요
4) 매워서
5) 닫을까요
6) 바빠요
7) 가까우니까

8.
들어요, 들을까요, 들어서, 들으면서
묻습니다, 물어요, 물을까요, 물어서, 물으면서
걷습니다, 걸어요, 걸을까요, 걸어서, 걸으면서
받습니다, 받아요, 받을까요, 받아서
닫습니다, 닫아요, 닫을까요, 닫아서

저자소개

김선정
University of London(SOAS) 언어학 박사
계명대학교 한국어문학부 한국어교육과 교수

강현자
계명대학교 외국어로서의 한국어교육학 박사
계명대학교 Tabula Rasa College 교수

이소현
계명대학교 외국어로서의 한국어교육학 박사 수료
계명대학교 한국어학당 강사

이정윤
계명대학교 외국어로서의 한국어교육학 박사 수료
계명대학교 한국어학당 강사

살아있는 한국어 워크북 1

지은이 김선정, 강현자, 이소현, 이정윤
삽 화 이진한
펴낸이 신일희
펴낸곳 계명대학교 출판부

초판1쇄 발행 2011년 5월 25일
초판7쇄 발행 2025년 10월 30일

주 소 42601 대구 달서구 달구벌대로 1095
전 화 053) 580-6233
팩 스 053) 580-6235
등 록 1970. 9. 1.(신고번호 제347-1998-1호)

ISBN 978-89-7585-545-0 14710
ISBN 978-89-7585-553-5 14710(세트)

정가 15,000원